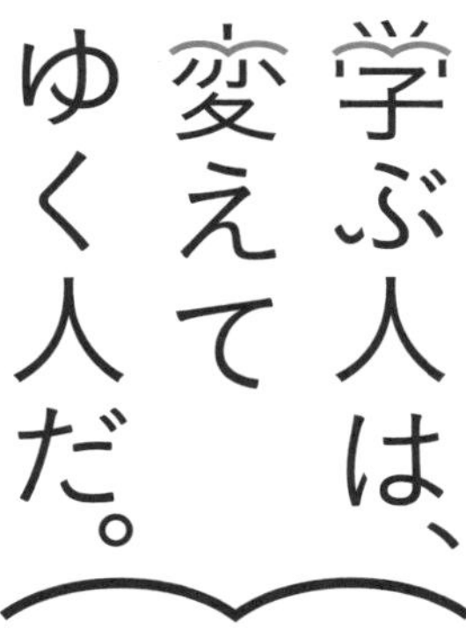

目の前にある問題はもちろん、

人生の問いや、

社会の課題を自ら見つけ、

挑み続けるために、人は学ぶ。

「学び」で、

少しずつ世界は変えてゆける。

いつでも、どこでも、誰でも、

学ぶことができる世の中へ。

関正生の The Essentials（ジ・エッセンシャルズ） 英語長文 必修英文 100

はじめに

本書の役割は「最新入試での長文読解をラクにする」ことです。ただし，そのコンセプトは「長文のための例文集」という，まったく新しいものになります。

「例文集」というと，「英文法・英文解釈のための構文集」や「英作文のための例文集」を思い浮かべる人も多いかもしれませんが，本書では「長文読解のため」という目的をハッキリと提示しています。収録されている 100 の英文は，もちろんどれも重要で良質な英文なので，文法や語彙の強化にも英作文にも役立ちますが，それは結果論にすぎず，本書が真に目指したのは「長文の負担をラクにする」ための英文です。

大学受験の長文は非常に多岐に渡るものの，我々が全国の主要大学の入試問題を丹念に読み解き，分析する中で強く感じるのは「またこのパターンか」という気持ちです。英文のテーマは違っていても，同じ型・形式・パターン・展開のものがものすごく多いのです。「極論」を言えば，長文はどこかで見たことのある英文だけで構成されているのです（くれぐれも「極論」です）。

もちろんそれは膨大な量の長文を読んでいるから気づけることです。でもそれを受験生に要求するのは酷なことです。そういった情報は，授業や問題集の中で「これ，意外とよく使われるから覚えておいて」と指導することがありますが，あくまで「出てきたら言う」という場当たり的な解説に終始してしまいます。そこで「それなら最初から教えてしまおう」という考えを形にしたのが本書です。言ってみれば，本書１冊で「長文読解の膨大な経験値を授与してしまおう」という狙いがあります。志望校の過去問をやったときに，「あ，またあの形だ！」という体験ができるはずです。

本書のタイトルで使われている essential は「本質的な」と訳されることが多いです。もちろんその意味もありますが，実は「きわめて重要な」という意味もあるのです（英英辞典では extremely important と説明されることも）。また，名詞で「本質的要素・主要点」，さらには音楽用語で「主音」という意味もあります。The Essentials というタイトル（“the＋複数形” は「特定集団」を表します）には，本書の英文が，入試はもちろん，大学で読む論文・英字新聞・ビジネス文書・資格試験でも，きわめて重要で欠かせない珠玉の英文の集まりだという思いが込められています。

関 正生・桑原 雅弘

CONTENTS

CHAPTER 1
「一般論と主張」の対比構造

CHAPTER 2
重要情報・具体例・反復表現

CHAPTER 3
「文型・倒置」の実践的活用

CHAPTER 4
因果表現・イコール表現・その他の重要構文

編集協力：株式会社 交学社
校正：笠井喜生，大河恭子
組版：日新印刷株式会社
録音：ユニバ合同会社
ナレーション：Ann Slater, Greg Dale
装幀・本文デザイン：相馬敬徳（Rafters）
装幀写真：曳野若菜
編集担当：高杉健太郎

本書の特長と使い方

本書の特長

超効率的な長文対策

本書は大学入試の英語長文対策の例文集です。100 の英文を通して，最新の入試の長文でよく出てくる，重要なポイントを学ぶことができます。

無駄のない濃密な英文だけを読み込むわけですから，非常に効率が良い長文対策になります。例文といっても基本的なものではなく，すべて入試レベルで，そのまま出てきそうな英文だけなので，実戦演習にもなります。長文読解における「経験値」を劇的に上げていきます。

「なんとなく読める」を「きちんと読める」に変える

よくある受験生の悩みが「なんとなく読めるけど…」というものです。そう言っているうちは「勘違いする・設問が解けない・難関大の英文に対応できない」ということになります。本書では「なんとなく」を「きちんと」に変えるために，100 の視点から明快に解説していきます。

最高品質のオリジナル英文

各項目での例文は,「実際に出る重要ポイントを含む」ということを一番重視しつつも，その質・レベル（入試に合っているか）・トピックの新しさにもこだわっています（いくつか見てもらえれば，すぐにその違いがわかるはずです）。

入試からの抜粋では，無駄な内容が入る・前後の文脈がないと意味がわからない（その文だけで内容が完結しない）・つまらないことが多い，などの欠点が出ます。そこで本書では完全オリジナルの英文を本書のために書き下ろすことで，一切の無駄がない英文となっています。

新傾向にも完璧に対応

本書の著者は 2 人とも TOEIC テスト 990 点満点を取得して，対策本も数多く出版しています。なぜ TOEIC の話をするのかというと，共通テストに出る広告文・日程表などや，早稲田大・慶應大を筆頭に出題されるビジネス英語的な内容は TOEIC テストに出るものと重なる部分が多いからです。本書の著者 2 人はそういった新しい出題に，すでに完璧な対策とノウハウを持っています。その知識や経験を本書にも詰め込みました。

使用時期，レベルなど

効果的な使用時期

(1) 英文法を終えて，長文の勉強を始める前
(2) 長文演習・過去問を解いている最中

(1) のように英文法を終えて長文の勉強を始める前，「いきなり長文を読むのはちょっと……」という不安がある人や，(2) のように志望校の長文を解いてみたけれど歯が立たなかった人におすすめです。また，将来（大学以降）も使える英文になっているので，大学入学以降を見据えている人にとっても役立ちます。

対象レベル・志望校別の目安

本書は，共通テストレベルから，早稲田大・慶應大などの私大難関レベルや東京大・京都大などの国公立大難関レベルの大学まで，幅広く対応しています。

- 受験生…共通テスト対策として重要事項をインプットしたい人／日東駒専・MARCH などの私大標準・上位レベル志望で長文読解の重要事項をインプットしたい人／早稲田大・慶應大などの私大難関レベル以上志望で長文読解の重要事項の漏れ（特に最新傾向のもの）をチェックしたい人
- 高校 1・2 年生…早稲田大・慶應大などの私大難関レベル以上を志望している人

本書の使い方

本冊

メインページ…各英文見開き完結です。次のページの順番に取り組んでみましょう。

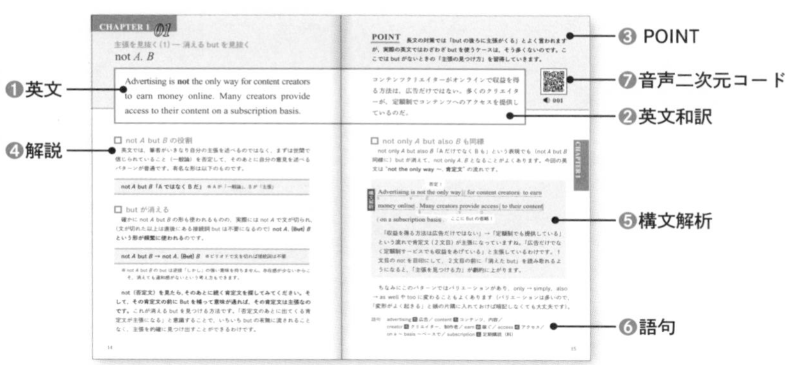

本書に取り組む手順（モデル例）

1. 英文と POINT を読む……見開きの右ページにある POINT（❸）は，軽いヒントになります。自信がない人は英文（❶）の前に，自信がある人は英文のあとに目を通してみてください。
2. 英文和訳を書く……英文は何回読んでも OK です。読んだあとに，辞書で確認したいところなど，時間を気にせずじっくり取り組んでください。そのあとに，和訳を書いてみましょう。志望校で和訳問題が出ない人もしっかり和訳を書きましょう。「日本語に変換する知的作業」が大事で，「自分がどう考えたか」を記録として残すことで，解説の理解度が上がります。書いたものと英文和訳（❷）を比べて合っているか確認してみましょう。
3. 解説を読む……解説（❹）をじっくりと読み進めましょう。英文の構文解析（❺）や語句（❻）などもあるので，理解を深めましょう。
4. 音読で仕上げる……仕上げ・復習として音読をしましょう。音声は右ページ上にある音声二次元コード（❼）を読み込めば再生することができます。音読とその際の音声素材の活用方法は p.12 を参照してください。

構文解析の記号

〈　〉… 名詞句・節	SVOC … 主節の要素	… 従属接続詞
[　] … 形容詞句・節	(s)(v)(o)(c) … 従属節の要素	… 等位接続詞
(　) … 副詞句・節	{　} … 省略可能	… 相関表現

ϕ … 関係詞節内で目的語が欠ける場所（名詞が本来ある場所）

入試問題ではこう出た！…各 CHAPTER の終わりに，実際に最新の入試で出題された英文と問題を収録しています。ここで各章のルールが身についたかどうかを確認しましょう。

別冊

英文まとめ…本編に掲載されている 100 の英文とその訳をまとめた小冊子です。一度学習した内容がしっかり身についているかどうかまとめて確認しましょう。持ち運びしやすいので，通学の電車やバスのスキマ時間などに使用するのにも便利です。

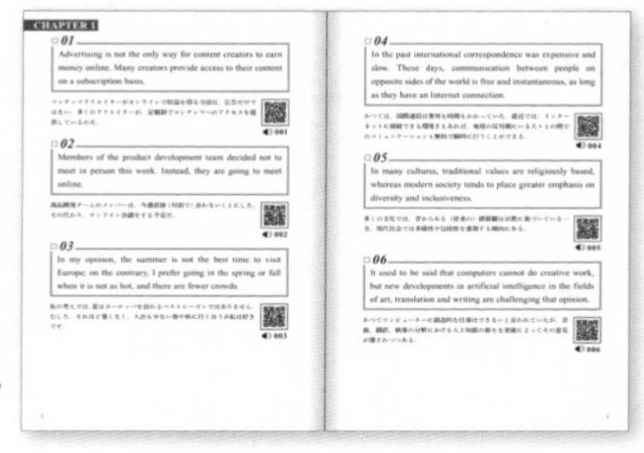

CHAPTER 1

□01
Advertising is not the only way for content creators to earn money online. Many creators provide access to their content on a subscription basis.
001

□02
Members of the product development team decided not to meet in person this week. Instead, they are going to meet online.
002

□03
In my opinion, the summer is not the best time to visit Europe; on the contrary, I prefer going in the spring or fall when it is not as hot, and there are fewer crowds.
003

□04
In the past international correspondence was expensive and slow. These days, communication between people on opposite sides of the world is free and instantaneous, as long as they have an Internet connection.
004

□05
In many cultures, traditional values are religiously based, whereas modern society tends to place greater emphasis on diversity and inclusiveness.
005

□06
It used to be said that computers cannot do creative work, but new developments in artificial intelligence in the fields of art, translation and writing are challenging that opinion.
006

取り組むときの注意点

「暗記」「暗唱」は不要……例文集によくある「暗記」や「暗唱」は不要です。本書は「長文のための例文集」なので，「読んで理解できればOK」です。理想を追求する人は「音声を聞いて内容を理解できるまで」を目指しましょう。

進めるペースの目安……高校1・2年生や，じっくり進めたい受験生は「1日1～2項目」で50～100日，受験生の通常モデルとしては「1日3～4項目」で1カ月で完成が目安です。

音声の利用法

本書では，英文の音声をパソコン・スマートフォン・タブレットを使って無料でご利用いただけます。音声の番号は01のように二次元コードの上に表示しています。

パソコンで聞く方法

音声ファイルをダウンロードして再生，またはウェブ上でストリーミング再生して聞くことができます。

❶インターネットで以下の専用サイトにアクセス

↓　https://service.obunsha.co.jp/tokuten/essecyobun/

❷以下のパスワードを入力

↓　パスワード：essecyobun（※すべて半角英数字）

❸音声ファイルをダウンロードまたはウェブ上でストリーミング再生

注意●ダウンロードについて：スマートフォンやタブレットでは音声をダウンロードできません。●音声ファイルはMP3形式です。ZIP形式で圧縮されていますので，解凍（展開）して，MP3を再生できるデジタルオーディオプレーヤーなどでご活用ください。解凍（展開）せずに利用されると，ご使用の機器やソフトウェアにファイルが認識されないことがあります。デジタルオーディオプレーヤーなどの機器への音声ファイルの転送方法は，各製品の取り扱い説明書などをご覧ください。●ご使用機器，音声再生ソフトなどに関する技術的なご質問は，ハードメーカーもしくはソフトメーカーにお問い合わせください。●音声を再生する際の通信料にご注意ください。●本サービスは予告なく終了することがあります。

スマートフォン・タブレットで聞く方法（アプリ）

音声を旺文社公式リスニングアプリ「英語の友」でも聞くことができます。

https://eigonotomo.com/

❶「英語の友」で検索の上，公式サイトよりアプリをインストール

↓　（右の二次元コードから読み込めます）

❷アプリ内のライブラリより書籍を選び，「追加」ボタンをタップ

注意●本アプリの機能の一部は有料ですが，本書の音声は無料でお聞きいただけます。●アプリの詳しいご利用方法は「英語の友」公式サイト，あるいはアプリ内のヘルプをご参照ください。●本サービスは予告なく終了することがあります。

音読について

本書の仕上げ・復習として，ぜひ英文の「音読」をしてください。まずは音声を聞いて，正しい発音・英文のリズムなどを確認するといいでしょう。

(1) 音読で意識すること

❶文法・構文を意識して5回……各項目を終えるたび，もしくはその日の勉強が終わったときに音読をしましょう。構文解析を意識しながら，ときには日本語訳を確認しながら，5回音読してください。ゆっくりでOKです。

❷内容を意識して15回……後日，復習としての音読をしてください。ここでは「意味・内容が浮かぶように」15回音読してください。これをこなしていくうちに「日本語を介さずに英文を理解できる」ようになっていきます。その英文が伝える内容が「画像として浮かぶくらい」まで音読できればベストです。内容優先ですから，自分で理解できるスピードでOKです。

❸スピードを意識して10回……「自分が本番で読むときの理想のスピード（自分が理解できる範囲でのマックスのスピード）」に徐々に近づけながら，10回読んでみてください。

(2) スケジュール

❶目安は1日30分……3カ月くらいで効果が出るはずです。絶対にただ読むだけの「ダラダラ音読」はしないように，集中して取り組みましょう！

❷配分……同じ英文を一気に30回も読む必要はありません。1日5回×6日＝合計30回などに分けてOKです。

(3) 音読の「注意点」

音読は必ず声に出してください。黙読だと難しい箇所を無意識のうちに飛ばしてしまうからです。ただし，声の大きさは無関係なので，ボソボソで十分です（電車やカフェでもできます）。ボソボソでも声を出すことによって，息継ぎが必要になります。ですから英文を適切なところで区切るときに息継ぎして，より自然な読み方が身につくようになるわけです。

CHAPTER 1

「一般論と主張」の対比構造

よく「筆者の主張を見抜こう」とは言われますが，大事なことは「どうやって主張を見抜くのか」ですよね。本書では「主張の見抜き方」を極めて具体的に解説していきます。多くの人が主張の目印だと思っている but は，実際の英文では使われないことが多いのです。そういったときの主張の見抜き方などを示していきます。
他にも「myth を見たら内容がひっくり返ることを予想する」「more than を使った否定表現に反応する」など，今まで聞いたことがなかったであろう方法論が満載です。入試長文を攻略するうえで一番大事な「主張の見抜き方」を最初に攻略してしまいましょう。

主張を見抜く(1) — 消える but を見抜く

not *A*. *B*

Advertising is **not** the only way for content creators to earn money online. Many creators provide access to their content on a subscription basis.

□ not *A* but *B* の役割

英文では，筆者がいきなり自分の主張を述べるのではなく，まずは世間で信じられていること（一般論）を否定して，そのあとに自分の意見を述べるパターンが普通です。有名な形は以下のものです。

not *A* but *B*「A ではなく B だ」 ※A が「一般論」，B が「主張」

□ but が消える

確かに not *A* but *B* の形も使われるものの，実際には not *A* で文が切られ，(文が切れた以上は直後にある接続詞 but は不要になるので) **not *A*. {~~But~~} *B* という形が頻繁に使われる**のです。

not *A* but *B* → not *A*. {~~But~~} *B* ※ピリオドで文を切れば接続詞は不要

※ not *A* but *B* の but は逆接「しかし」の強い意味を持ちません。存在感が少ないからこそ，消えても違和感がないという考え方もできます。

not（否定文）を見たら，そのあとに続く肯定文を探してみてください。そして，その肯定文の前に But を補って意味が通れば，その肯定文は主張なのです。これが消える but を見つける方法です。「否定文のあとに出てくる肯定文が主張になる」と意識することで，いちいち but の有無に流されることなく，主張を的確に見つけ出すことができるわけです。

POINT 長文の対策では「but の後ろに主張がくる」とよく言われますが，実際の英文ではわざわざ but を使うケースは，そう多くないのです。ここでは but がないときの「主張の見つけ方」を習得していきます。

コンテンツクリエイターがオンラインで収益を得る方法は，広告だけではない。多くのクリエイターが，定額制でコンテンツへのアクセスを提供しているのだ。

001

□ not only *A* but also *B* も同様

not only *A* but also *B*「A だけでなく B も」という表現でも（not *A* but *B* 同様に）but が消えて，not only *A*. *B* となることがよくあります。今回の英文は“**not the only way 〜. 肯定文**”の流れです。

構文解析

否定！

Advertising (S) is not (V) the only way (C) [(for content creators) to earn money online]. Many creators (S) provide (V) access (O) [to their content] (on a subscription basis).

ここに But の省略！

「収益を得る方法は広告だけではない」→「定額制でも提供している」という流れで肯定文（2 文目）が主張になっていますね。「広告だけでなく定額制サービスでも収益をあげている」と主張しているわけです。1 文目の not を目印にして，2 文目の前に「消えた but」を読み取れるようになると，「主張を見つける力」が劇的に上がります。

ちなみにこのパターンではバリエーションがあり，only → simply，also → as well や too に変わることもよくあります（バリエーションは多いので，「変形がよく起きる」と頭の片隅に入れておけば暗記しなくても大丈夫です）。

語句　advertising 名 広告／ content 名 コンテンツ，内容／ creator 名 クリエイター，制作者／ earn 動 稼ぐ／ access 名 アクセス／ on a 〜 basis 〜ベースで／ subscription 名 定期購読（料）

02

主張を見抜く(2) — not *A* but *B* のバリエーション①

not *A*. Instead *B*

Members of the product development team decided **not** to meet in person this week. **Instead**, they are going to meet online.

□ 隠された主張の見つけ方

主張を伝えるときの基本形は not *A* but *B*「A ではなく B だ」ですが，ここから but が消えて，not *A*. {~~But~~} *B* となることが多い事実はすでに解説しました。実は **but が消えるだけでなく，他の語句に置き換わる**ことも多いのです。特に大事な 4 つが以下のものです。

not *A* but *B* のバリエーション

- **not *A*. Instead *B***「A ではない。(A ではなくて) その代わりに B だ」
- **not *A*. Indeed *B***「A ではない。(A ではなくて) 実際は B だ」
- **not *A*. In fact *B***「A ではない。(A ではなくて) 実際は B だ」
- **not *A*. Rather *B***「A ではない。(A ではなくて) むしろ B だ」

つまり**「否定文のあとに出てきた Instead ／ Indeed ／ In fact ／ Rather は主張の目印になる」**ということです。もし今まで，but を見たときに「主張だ！」と思っていたならば，それと同じテンションでこの 4 つ (Instead ／ Indeed ／ In fact ／ Rather) にも反応すべきなのです。

※もちろん，「この 4 つのあとに必ず主張がくる」と短絡的には考えないでください。あくまで「否定文のあとに，この 4 つが続いたときに主張がくる」のです。

構文解析

否定！

Members [of the product development team] decided not to meet (in person) (this week). (Instead), they are going to meet (online).

(Members = S, decided not to meet = V; they = S, are going to meet = V)

ここから主張！

POINT insteadやin factはみんな知っているでしょうが，それが「主張の目印になる」ということは聞いたことがないと思います。このような，意外な，でも頻繁に使われる重要語句をマスターしていきましょう。

商品開発チームのメンバーは，今週直接（対面で）会わないことにした。その代わり，オンライン会議をする予定だ。

002

今回はnot *A*. Instead *B*「Aではない。その代わりにBだ」の形ですね。in person「直接，対面で」とonline「オンラインで」が対比されているので，仮にin personの意味がわからなくても「onlineの逆」と考えればいいのです。

ちなみに，リスニングでもinsteadの後ろに重要情報がきて，設問でその内容が問われることがよくあります。

□ in factのパターンをチェック

例 That hotel is far from cheap. **In fact**, it is quite expensive.
あのホテルは決して安くはない。それどころかむしろ，かなり高い。

A. In fact *B*の意味

(1)「実際は，もっと言えば」（A ≒ B） 前の文の補強 ※有名な使い方

(2)「しかし実際は，実際はそれどころではなく」（A ⇔ B）

① 否定文のあとで「butのバリエーション」として ※今回の用法

② 肯定文のあとで「その内容と相反すること」を述べる ※かなり発展事項

語句 product development 商品開発／in person 直接，対面で

03 主張を見抜く（3）— not *A* but *B* のバリエーション②

not *A*. On the contrary *B*

In my opinion, the summer is **not** the best time to visit Europe; **on the contrary**, I prefer going in the spring or fall when it is not as hot, and there are fewer crowds.

□ on the contrary の本当の意味は?

「反対に」で有名な on the contrary は，**直前の否定的内容に対して「（とんでもない）それどころか」という意味でよく使われます。**「～じゃないよ。それどころかむしろ…だ」という流れです。

否定的な内容. On the contrary ～「（とんでもない）それどころか～」

今回の英文もまさにこの使い方で,「夏はベストシーズンではない。それどころかむしろ他の季節のほうが好き」という流れです。

構文解析

否定！

(In my opinion), the summer(S) is not(V) the best time(C) [to visit Europe];

ここから主張！

(on the contrary), I(S) prefer(V) going(O) (in the spring or fall [when it is not as hot, and there are fewer crowds]).

文の後半の when は関係副詞で，in the spring or fall を修飾しています。when の後ろには省略が起きています。as ～ as や比較級では「比較相手はよく省略される」のです（⇒ p.38）。not as ～ {as ...}「（…ほど）～ない」や 比較級 {than ...}「（…より）～だ」と考える必要があり，ここでは「（夏ほど）暑くない」「（夏より）人出が少ない」と考えられます。

POINT on the contraryは「反対に」という意味を覚えるだけでは不十分なんです。実は長文中で,「主張の合図」になるという重要な働きがあります。

私の考えでは，夏はヨーロッパを訪れるベストシーズンではありません。むしろ，それほど暑くなく，人出も少ない春や秋に行くほうが私は好きです。

003

□ 文法問題でもポイントになる！

on the contraryは受験生の間で誤解が多いため,長文でこの表現自体に下線が引かれたり，文法問題で狙われたりします。以下は実際の出題例です。

次の各文の（　　）内に入る最も適切な語句を1～4から選びなさい。

(1) You say it is black. (　　　　), it is white.

1. By contrast　　2. In exchange
3. Moreover　　4. On the contrary　（慶應大）

(2) A：You look as if you're not enjoying yourself.
B：(　　　　), I'm having a great time.

1. On the other hand　　2. On one hand
3. Even though　　4. On the contrary　（東京歯科大）

(1)（解答 4）　それは黒だって言うけど，とんでもない，むしろ白でしょ。
1. 対照的に　2. 引き換えに　3. その上　4. それどころかむしろ

(2)（解答 4）　A：楽しんでないように見えるけど。
B：むしろ，とても楽しんでるよ。
1. 他方では　2. 一方では　3. ～だけれども　4. それどころかむしろ

※on the other handは単に「他方では」という意味で，on the contraryのように「～じゃない。それどころかむしろ…」の意味で使うことはできません。

語句　prefer -ing ～するほうが好きである／crowd 名 人ごみ

過去と現在の対比（1）― 過去の語句に反応する

In the past ～. These days ...

In the past international correspondence was expensive and slow. **These days**, communication between people on opposite sides of the world is free and instantaneous, as long as they have an Internet connection.

□「過去」と「現在」を表す語句に反応する

英文で**「昔は」**という語句が出てきたら，そのあとに**「しかし今は違う！」**という内容を予想してください。「過去と現在」の内容が対比される典型的なパターンなのです。

この場合，「現在の内容」が主張になります（共通テストの英文の場合のみ，「昔は～だった。そして今は…だ」という対比でない，単なる紹介の英文が出る可能性もありますが，それ以外の私立・国公立の入試の英文では99％対比になると考えてください）。しかもこのパターンでもButなどが使われることはまれで，いきなり「現在」の内容がくるのです。

よく使われる「昔」の表現，「今」の表現を見ておきましょう（暗記する必要はありません。見たときに反応できれば十分です）。

「昔は～」のバリエーション	「でも今は…」のバリエーション
● ～ ago「～前に」	● Now「今は」
● At first「初めは」	● Today「今日（こんにち）は」
● In former times「以前は」	● These days ／ Nowadays「最近は」
● In 過去の西暦「〇〇年には」	
● Once「かつては」	
● Traditionally「昔から」	
● Conventionally「昔から」	
● Originally「もとは，初めは」	
● Initially「最初は」	

POINT 長文で「昔は〜」で始まる典型的なパターンがあります。このとき，どんなことを考えればいいのか，どうやって主張を見つけるのかを解説していきます。

かつては，国際通信は費用も時間もかかっていた。最近では，インターネットに接続できる環境さえあれば，地球の反対側にいる人々との間でのコミュニケーションも無料で瞬時に行うことができる。

004

□ In the past を見たら「今」を探す！

今回の英文も In the past「昔は，かつては」で始まっています。これを見た瞬間に「しかし今は違う！」という内容があとで出てくることを頭に入れておきながら読み進めていってください。

2 文目に These days「最近は」が出てきて，予想通り **「過去と現在の対比」** のパターンだと確認できます。このように But や However が使われていなくても主張を見つけ出すことができるのです。

構文解析

「過去」の目印

(In the past) international correspondence (S) was (V) expensive and slow (C).

ここから「現在」の話！

(These days), communication [between people on opposite sides of the world] (S) is (V) free and instantaneous (C), (as long as they (s) have (v) an Internet connection (o)).

「過去：国際通信は費用も時間もかかった」⇔「現在（最近）：無料で瞬時に行える」と対比されていますね。

ちなみに，2 文目の as long as 〜「〜する限り」は従属接続詞なので，SV as long as (s)(v).「(s)(v) する限り SV する」の形になります。

語句　correspondence 名 通信，やりとり／opposite 形 反対の／instantaneous 形 瞬時の／as long as 〜 接 〜する限り／connection 名 接続

過去と現在の対比(2) — 過去を表す意外な単語

traditional

> In many cultures, **traditional** values are religiously based, whereas modern society tends to place greater emphasis on diversity and inclusiveness.

□ traditional の意味と使い方

多くの受験生が traditional は「伝統的な」と覚えていると思います。確かに共通テストであれば「伝統芸能の紹介文」や「旅行の日程」などが出そうなので，その場合の traditional は「伝統的な」という意味で使われる可能性が高いでしょう。

ただし，その意味は必ず気づけますので，基本的には「昔からの」と考えるようにしてください。入試の英文では**「昔からの，従来の」**や，場合によっては**「古臭い」**という意味で使われることが多いのです。

traditional の詳細

traditional の意味は…

- プラスイメージ：「伝統的な」　※実際の長文では実は少ない
- 中立的なイメージ：「昔からの」　※まずはこの意味から考える
- マイナスイメージ：「古臭い」　※場合によってはこの意味にもなる

※前項に載せた traditionally も同じ発想で「伝統的に，昔から，古臭いことに」

traditional と同じ発想をするもの

conventional「昔からの，従来の」／ initial「最初の」

original「元々の，初期の」／ previous「以前の」

そして**「昔」というからには当然，「しかし今は違う」という展開になることがほとんど**です。つまり，traditional のあとに Now や Today が見つかれば，その英文が主張だと判断できるのです。

POINT traditionalの訳はどう覚えていますか？　きっと「伝統的な」としか教わらなかったと思いますが，実際の英文では，それでは誤解してしまう可能性があるのです。

多くの文化では，昔からある（従来の）価値観は宗教に基づいている一方，現代社会では多様性や包括性を重視する傾向にある。

🔊 005

□ traditional と whereas に反応する！

今回の英文では「伝統的な」という日本語訳でも許容範囲ですが，別にプラスイメージで使われているわけではないということは意識してください。本書の方針通り，まずは「昔からの，従来の」と考えることで，内容をより深く理解できます。「昔からある価値観は宗教ベース」⇔「今は多様性や包括性に重きを置く」ということです。

構文解析

「過去」の目印

(In many cultures), traditional values [S] are religiously based [V],
([whereas] modern society [(s)] tends to place [(v)] greater emphasis [(o)] (on diversity and inclusiveness)).

「過去」と「現在」の対比！

文全体は SV, whereas (s)(v).「(s)(v) する一方で SV する」の形です。今回のように前から「SV だ。一方で (s)(v) だ」と訳しても OK です（⇒ p.185）。

また，diversity「多様性」や inclusiveness「包括性（そのまま「インクルーシブ，インクルージョン」と訳されることも）」は最新入試で必須です。特に inclusiveness は「LGBTQ +，人種，障がいなどで過去に差別されてきた人たちを積極的に社会に含めること」といった意味合いで使われる，最新入試の重要単語です。

語句　value 名（通例複数形で）価値観／ religiously 副 宗教的に／ whereas 接 ～する一方で／ tend to ～ ～する傾向がある／ place emphasis on ～ ～に重点を置く，～を重視する／ diversity 名 多様性／ inclusiveness 名 包括性

過去と現在の対比（3）― 時制で対比を表す
It used to be said that ～

It used to be said that computers cannot do creative work, but new developments in artificial intelligence in the fields of art, translation and writing are challenging that opinion.

□「動詞の時制」で対比を表す

In the past や traditional といった語句ではなく，**「動詞の時制」で過去と現在の対比を示す**こともあります。「過去形⇔現在形」が基本ですが，現在完了形だけは，一般論にも主張にもなりえます。

過去・現在を表す語句（動詞の時制で表すパターン）

	一般論	主張
① 典型的な対比	過去形	現在形
② 現在完了形が主張	過去形	現在完了形
③ 現在完了形が一般論	現在完了形	現在形

「過去形」が一般論，「現在形」が主張になるのはスッキリしていますね。現在完了形だけは文章の構成次第です。つまり過去形が先に出てきて，そのあとに現在完了形がきた場合は主張になることがほとんどです（②のパターン）。ただし，最初に（過去形が一切なく）現在完了形が出てきて，そのあとに現在形が出てくれば，現在完了形⇔現在形という対比になります（③のパターン）。

例 **It has been said that** money can't buy happiness, but based on my experience, **I think it can**.
お金で幸せは買えないと言われてきたが，私は自分の経験から，お金で買えると思っている。

POINT It used to be said that ～ という文は特に難しくありませんが，やはりこの文にも大事な「役割」があります。こういった何気ない表現に反応できるようになると英文の読み方が変わってきますよ。

かつてコンピューターに創造的な仕事はできないと言われていたが，芸術，翻訳，執筆の分野における人工知能の新たな発展によってその意見が覆されつつある。

006

CHAPTER 1

□ It used to be said that ～は「過去と現在の対比」の目印

It is said that ～「～と言われている」に "used to 原形"「昔は～だった」が割り込んで，It used to be said that ～「昔は～と言われていた」となります。"used to 原形" という表現自体に「対比」のニュアンスがあるため（これは文法で習うことも多い），It used to be said that ～ は**「昔は～と言われていたけれど，今は違う」**という展開でよく使われるのです。

構文解析

It(仮S) used to be said(V) 〈that(真S) computers(s) cannot do(v) creative work(o)〉,

「過去」の目印

but new developments(S) [in artificial intelligence [in the fields of art,

今までとは違う！

translation and writing]] are challenging(V) that opinion(O).

ちなみに，but 直後の new という単語も実は長文で重要です。簡単すぎて注目する受験生は（いや，指導者でさえも）いませんが，**new は「今までとは違う」ことを強調する，対比の目印となる**のです。

その後ろの challenge「異議を唱える」も対比を表す重要な動詞です（⇒ p.28）。～ are challenging that opinion「～がその意見に異議を唱えつつある」→「～によってその意見が覆されつつある」となります。

※このような「無生物主語の第３文型（SVO）」では「S によって O が V される」と訳すと自然になることが多いです。

語句　translation 名 翻訳／ challenge 動 異議を唱える

一般論の否定（1）— 一般論を表す意外な単語

It is a common myth that ～

It is a common myth that people need to drink two liters of water a day, but this claim is not backed up by research.

□ mythは「迷信，俗説」の意味が大事！

ほとんどの受験生がmythを「神話」とだけ覚えていますが，実際には**「迷信，俗説，作り話」**という意味でよく使われます。日本語でも「学歴神話」＝「学歴があれば一生安泰という迷信」と言いますが，これと同じ含みがmythにもあるのです。そして入試の英文では「～という迷信があるが，実際にはその迷信は間違いだ」といった流れでよく使われるのです。「一般論の否定 → 主張」という典型的な展開パターンですね。

※英英辞典でも，mythはnot trueやfalseなどの言葉を使って説明されます。

構文解析

「一般論」の目印

It（仮S） is（V） a common myth（C） 〈that（真S） people（s） need to drink（v） two liters of water（o） (a day)〉, but this claim（S） is not backed up（V） (by research).

今回の英文でもmythが「迷信，俗説」という意味で使われています。そしてbut以下でmythの内容が否定されていますね。

多くの受験生が「butを見てはじめて後ろに注目する」という姿勢ですが，みなさんは**mythを見た時点で「このあとでmythの内容はひっくり返る」と予想する**ことで，内容をスムーズに理解できますし，仮にbut以下にわからない内容がきても，ある程度予想がついてしまうのです。

ちなみに，前半の内容をbut以下ではthis claim「この主張」とまとめています。“this + 名詞”は「前の内容をまとめる」重要な働きがあります（⇒ p.168）。

POINT mythという単語の意味は何でしょうか？　受験生に聞くと，ほぼ間違いなく「神話」と返ってきます。確かにその意味もありますが，実際の入試ではもっと大事な意味でよく使われるのです。

人は１日に２リットルの水を飲む必要があるというのはよくある俗説だが，この主張は研究によって裏づけられていない。

007

□ 一般論を表す他のバリエーション

今回はIt is a common myth that ～「～することはよくある俗説だ」となっていました。commonは「共通の」とばかり訳されますが，**「よくある，一般的な」**といった意味で「一般論の目印」になることも多いのです（「みんなに共通した」→「よくある」と考えればOK）。

例　For years the **common** belief among doctors was that the brain stops developing in early adulthood.
長年，医者の間では，脳の発達は成人早期で止まるという考え方が一般的だった。
※このあとで「新たな研究では90歳でも脳細胞が成長するとわかった」といった内容がきたりします。／For years「長年」や過去形（was）も対比の合図です。

他に，widespread belief「広まった考え」，what many[most] people believe「多くの［ほとんどの］人が信じていること」なども一般論を示す際によく使われます。以下はContrary to what most people believe ～「ほとんどの人が信じていることとは反対に～」を使って対比を表した英文です。

例　**Contrary to what most people believe**, it is possible to become fluent in a foreign language, even if you don't start learning it in childhood.
ほとんどの人が信じていることとは反対に，たとえ子どものころから学び始めなくても，外国語を流ちょうに話すようになることは可能だ。

語句　common 形 よくある／myth 名 迷信，俗説／claim 名 主張／back up 裏づける

CHAPTER 1 08

一般論の否定 (2) ― 反論・異論表現
challenge the assumption that ～

The beverage company dramatically increased its sales by **challenging the assumption that** consumers would not pay for water.

□ 長文で重要な「反論・異論」表現

長文では「一般論の否定 → 主張」という流れになるわけですが，一般論のあとに（すぐに主張を言わずに）**「一般論にダメ出しする」**こともよくあります。以下の「ダメ出しするための単語」は，訳語を覚えるだけでなく，きっちりと「反応」できるようにしておきましょう。

反論・異論表現
oppose「反対する」／**counter**「反論する」／**reject**「拒絶する」／**challenge**「異議を唱える」／**question**「疑問視する，疑う」※call ～ into question, call into question ～「～を疑問視する，疑う」／**cast doubt on ～**「～に疑問を投げかける，～を疑う」／**dispute**「議論（する），論争（する）」／**debate**「議論（する），討論（する）」／**conflict**「対立（する），矛盾（する）」／**contradict**「否定する，矛盾する」／**controversial**「賛否両論ある，物議をかもす」※controversy「論争」

例 Explorer Christopher Columbus **rejected** the long-held belief that the earth was flat and sailed west hoping to reach the East Indies.
探検家のクリストファー・コロンブスは，地球は平らであるという長年の考えを否定し，東インド諸島への到達を目指して西へと航海した。
※long-held belief that ～「～という長年抱かれてきた考え」(that は同格) ／ and は rejected と sailed を結んでいる／ hoping to ～「～したいと望みながら」は分詞構文

POINT challenge の意味を聞かれたら，条件反射的に「チャレンジ，挑戦」と答えてしまうかもしれませんが，難関大の入試ではものすごく大事な用法があります。

その飲料会社は，消費者が水にお金を払おうとしないという思い込みを疑うことで，売上を劇的に伸ばした。

🔊 008

□ challenge と assumption に反応する！

challenge は本来「悪口（を言う）」で，そこから「従来の考えに悪口を言う」→「反論する，異議を唱える」となりました（「目上の人に挑戦する」→「異論を唱える」と考えても OK）。長文では**「従来の考えに異議を唱える」**→**「新しい内容（主張）」**という流れでよく使われるのです。

構文解析

一般論を否定！

The beverage company (S) dramatically increased (V) its sales (O) (by challenging 〈the assumption 〈[that] consumers (s) would not pay for (v) water (o)〉〉).

assumption「思い込み，前提」は「（証拠なしに）当然だと思うこと」というニュアンスがあり，challenge the assumption that ～「～という思い込みを疑う」はこのままよく使われます（that は同格の用法）。

＋α challenge the conventional wisdom that ～

例 Airbnb succeeded by **challenging the conventional wisdom that** travelers are only willing to stay at dedicated lodging facilities such as hotels and motels.

Airbnb は，旅行者はホテルやモーテルなどの宿泊専用施設にしか泊まりたがらないという従来の常識を覆して成功を収めた。

※ conventional wisdom「広く受け入れられている習慣，社会通念」／dedicated「専用の」／lodging facilities「宿泊施設」

CHAPTER 1

一般論の否定 (3) ― the case を使った否定表現

This[That] is not the case.

While some may say art does not provide measurable benefits, **this is** simply **not the case**.

□ This is not the case.「そうではない，話は別だ」

case にはいくつかの意味がありますが，その土台として「実際に起きたケース」と押さえてください。

多義語 case　核心：実際に起きたケース
① 場合　② 実例　③ 実情，真実

the はみんなで「共通認識」できるときに使います（言ってみればみんなで一斉に指をさせるようなとき）。the case は「誰もが共通認識できる場合，実例」→「実情，真実」となります。This[That] is not the case. は直訳「それは真実ではない」→**「そうではない，話は別だ」**となるのです。

※ That is not true. と同じと考えて OK です（上智大などでこの言い換えの出題あり）。

□ This is not the case. は「一般論の否定」で使われる！

今回の文全体は While (s)(v), SV.「(s)(v) であるが，SV だ」の対比の意味です。従属節に「一般論，世間の考え」がきて，それを主節で this is simply not the case と否定しているわけです（今回は否定語の前に simply を使って「まったくそうじゃない」と否定を強調しています）。

構文解析

一般論との対比

(While some(s) may say(v) 〈{that}(o) art(s') does not provide(v') measurable benefits(o')〉), this(S) is simply not(V) the case(C).

一般論を否定！

POINT caseと言えば,「ケース，場合」などと訳されるだけで終わるような印象でしょうが，長文ではThis[That] is not the case. はとても重要な役割があり，実際によく使われます。

芸術は目に見える利益をもたらさないと言う人もいるかもしれないが，これはまったくの誤りだ。

009

ちなみに，While some may say ～, SV.「～と言う人もいるかもしれないが，SVだ」は1つのお決まりパターンです。may ～ but ...「～かもしれないが…」は「譲歩→逆接」でよく使われます（⇒ p.42）。

補足 今回の英文がもし長文で出たら…

今回の英文がどう展開していくか，ちょっと見てみましょう。

While some may say art does not provide measurable benefits, **this is simply not the case**. Research has shown that viewing art can reduce stress, improve memory and that it is especially beneficial for children's development. It follows that governments should continue to fund museums, even if budgets are tight.

（略）研究によって，美術鑑賞はストレスを軽減し，記憶力を向上させ，特に子どもの成長に役立つことがわかっている。そのため，たとえ予算が厳しいとしても，政府は美術館に資金を提供し続けるべきだ。

※ this is simply not the case で一般論を否定し，直後の Research has shown that ～ から「主張」がきています（"not *A*. {~~But~~} *B*" のパターン）。また，今回は3文目で It follows that ～「(したがって) ～ということになる」という表現も使われています。難関大では出題される因果関係を表す表現です。

※ view「見る」／ beneficial「有益な」／ fund「資金を提供する」／ even if ～「たとえ～でも」／ budget「予算」／ tight「限られている」

語句 measurable 形 測定可能な，重大な／
simply 副（否定語の前で）決して～ない，まったく～ない

CHAPTER 1

一般論の否定（4）— otherwiseを使った否定表現

Research[Study] suggests otherwise.

Despite the widespread belief that people are either left-brain dominant or right-brain dominant, a 2013 **study suggests otherwise**.

□ "otherwise = in an other way"と考える

Research[Study] suggests otherwise.「研究によるとそうではない」を理解するには，まずotherwiseの意味をチェックする必要があります。

otherwiseは本来「他の（other）点・方法で（wise=way）」という意味です（wayには「点」と「方法」の意味があります）。

otherwiseの3つの意味　核心：otherなway
① そうでなければ
② その他の点では
③ その他の方法で，違ったように

この成り立ちを知っていれば，有名な①「そうでなければ」以外の2つの意味を攻略できます。②は「他の（other）点（way）で」→「その他の点では」，③は「他の（other）方法（way）で」→「その他の方法で，違ったように」ということです。今回は③の意味に注目してください。

□ 研究 suggest otherwise.「研究によるとそうではない」

"研究 suggest otherwise." は，直訳「研究は違ったように示す」→「研究によるとそうではない（研究結果は違う）」となるわけです。長文では新たな実験や研究結果を述べることが多いだけに，とても大事な表現です。

※一橋大の長文では，But current research suggests otherwise. に下線が引かれて，「下線が指す内容を説明しなさい」といった問題も出ています。

POINT otherwise は「そうでなければ」の訳語が有名ですが，実際には３つの意味が重要で，そのうちの１つが使われた Research[Study] suggests otherwise. という表現が長文ではとても大切です。

人は左脳優位，右脳優位のどちらかであると広く信じられているが，2013 年の研究によるとそれは正しくない。

010

構文解析

「一般論」との対比

(Despite the widespread belief 〈that people(s) are(v) either left-brain(c) dominant or right-brain dominant〉), a 2013 study(S) suggests(V) otherwise.

一般論を否定！

全体は despite ～「～にもかかわらず」で対比されています（⇒ p.48）。また，the widespread belief that ～「～という広く信じられている考え」も一般論を表す重要な目印です（⇒ p.27）。

そしてこの一般論を，a 2013 study suggests otherwise で否定しているわけです。このあとに「2013 年の研究内容（主張）」が展開されていくと予想できます。

以下は共通テスト試行調査で出題されたリスニングの英文です。

Bill : I'm afraid gaming can contribute to violent crimes. Do you agree?
Professor Johnson : Actually, **research suggests otherwise**. Many studies have denied the direct link between gaming and violence.

（共通テスト試行調査）

ビル： 僕は，ゲームをすることが暴力的な犯罪の一因になるのではないかと恐れているのです。賛同されますか？

ジョンソン教授： 研究によると，実はそうではないそうです。多くの研究が，ゲームをすることと暴力の直接的な関連を否定しています。

語句　dominant 形 支配的な，優位な

CHAPTER 1

CHAPTER 1 11

一般論の否定 (5) — more than を使った否定表現

more than 〜

Being a true friend is **more than** simply having fun together. It also means accepting friends the way they are.

□ more than 〜 は not の意味を持つ

more than 〜 には当然「〜より多い」の意味がありますが，そこから**「その範囲を超えて，もはや〜ない」という否定的な意味で使われる**ことがあります。

more than 〜 の3つの意味

① 〜より多い，〜以上
② 〜でない（= not）
③ 〜だけでない（= not only）

※ more than が②の not になるか，③の not only になるかは文脈次第です。また，①の延長として単なる強調を表すこともあります（more than happy「すごく幸せ」）。

more than が not の意味を含むとき，長文では**「一般論を否定する」**役割になることもあるのです。当然その場合は，後ろに主張が出てきます。

構文解析

一般論の否定

Being a true friend (S) is (V) more than simply having fun together (C).

It (S) also means (V) accepting friends (O) (the way they are).

ここから主張！

more than simply having fun together で「ただ一緒に楽しみを持つことより多く」→「楽しむだけでは足りない」と示唆しているのです。

POINT more than ～ は「～より多い」という意味が有名すぎて，長文での大事な用法が知られていません。かつてセンター試験（共通テストの前身）で出たのに広まっていない重要な用法をマスターしましょう。

真の友人とは，ただ一緒に楽しむというだけではない。友人のありのままの姿を受け入れることでもあるのだ。

011

今回の more than は，直後の simply とセットになって，not only だと判断できます。only → simply に変わることはよくあります（⇒ p.15）。さらに次の文には also があるので，間違いなく，not only *A* but also *B* の形だと判断できます（やはり but が消えているわけです）。「真の友人とは A だけではない。B もだ」ということです。

※ 2 文目の the way they are「ありのままの姿で」も重要表現で，ここでの the way は「様態の as」と同じ意味です（⇒ p.180）。

□ more than S can stand[bear]

more than を使ったお決まりの表現として，more than S can stand[bear]「S が耐えられる範囲を超えて」→ **「S が耐えられない，我慢できないほど」** というものがあります（この stand は「我慢する」）。

この表現は英作文などでも大事で，早稲田大では以下の問題が出ました。

> 次の日本語を英文にしなさい（語群の語句を順番どおり使って 7 語で）。
> これではとてもたまらない。
> ［ This / more / stand ］ （早稲田大）

（解答 This is more than I can stand.）

※ more をヒントにして，「とてもたまらない」→「私には耐えられない，私が耐えられる以上のものだ」と考え，more than I can stand とします。まさに more than が否定的な意味になっていますね。

CHAPTER 1

12

一般論の否定（6）— more を使った否定表現

There is more to *A* {than *B*}.

There is more to acting **than** simply repeating lines that you've memorized. A really good actor can pull the audience into a fictional world and make them feel as if it is real.

□ There is more to *A* than *B*.「A は B だけではない」

There is more to *A* than *B*. の直訳は「A に対して，B より多くのものがある」で，そこから「A には B 以上のものがある，A は B だけではない」となります。前の英文 11（⇒ p.34）で解説した「more than を not や not only と考える」発想が役立つわけです。

※この表現はきちんと教わる機会がないかもしれませんが，実際には東京大，慶應大，上智大，青山学院大，学習院大などさまざまな大学で出題されています。

□「一般論の否定 → 主張」の流れをつかむ

not や not only と似た働きをするということは，当然，長文では**一般論を否定する**ときに使われるということでもあります。There is more to *A* than *B*. のあとに**「実際にはもっと重要な要素がある」**といった展開になることが多いのです。

例 **There is more to** travel **than** knowing a foreign language. It is important to learn a country's customs as well as the polite way to speak.
旅行には，外国語を知っているだけでは不十分だ。その国の慣習や丁寧な話し方を学ぶことも重要なのである。
※ *X* as well as *Y* は「Y だけでなく X」としか習いませんが，実際には今回のように単なる and として「X と Y」と訳せることもあります（文脈判断）。

POINT There is more to *A* {than *B*}. という表現は，単語は簡単ですが，ちょっと何を言っているのかわからないですよね。どんな意味になるのかだけでなく，長文でどんな役割をするのかまで解説していきます。

演技とは，ただ暗記したセリフを繰り返すだけではない。本当に優れた役者は，観客を架空の世界に引き込み，まるでそれが現実であるかのように感じさせることができるのだ。

012

構文解析

一般論の否定

There is more [to acting] (than simply repeating lines [that you've memorized φ]). A really good actor can pull the audience (into a fictional world) and make them feel as if it is real.

ここから主張！

今回の英文では simply があり，There is more to *A* than simply *B*.「Aは単にBだけではない」となっています。よって，これは「not only の感覚」だと考えることができるわけです。「演技はただ～するだけではない（一般論の否定）」→「…も大切（主張）」という流れです。

※ There is more to *A* の to は（不定詞ではなく）「前置詞」なので，後ろには「名詞（動名詞）」がきます。今回は to の直後に acting がきていますね。

ちなみに，1文目にある you は「人々全般」を表す総称用法なので，「あなた」と訳す必要はありません。2文目の前半は pull *A* into *B*「AをBに引き込む」，後半は make OC「OにCさせる」の形です。

語句 line 名 セリフ／memorize 動 暗記する／pull *A* into *B* AをBに引き込む／fictional 形 架空の／as if ～ まるで～のように

CHAPTER 1

13

一般論の否定 (7) ― 比較級を使った否定表現

Nothing could be further from the truth.

When Apple's iPhone first went on sale in 2007, critics said a device without a hardware keyboard would never catch on. **Nothing could have been further from the truth**, and the rest is history.

□「比較対象」を補う

Nothing could be further from the truth. は**「これほど間違った考えはないだろう／これは完全に間違っている」**という意味で，前の内容を否定するときに使われます。なんとなく「真実から遠くない（真実に近い）」と誤解する人が多く，結局「決まり文句」として丸暗記しがちです。

実はポイントは比較級（ここでは further）で，比較級の英文では**比較相手（than ～）が省略されることがよくあります。**本来は Nothing could be further from the truth {than this}. で「これよりも（than this）真実から（from the truth）離れている（further）ものは何もない（Nothing could be)」→「これが一番真実から離れている／もうこれ以上，真実から遠ざかりようがないほどだ」→「これほど間違った考えはない」となるのです。

※助動詞の過去形 could は「仮定法」を表し，「仮の世界でもありえない」といったニュアンスになります。ちなみにこの英文は，This could not be further from the truth. でも同じ意味になります。

□「前の内容を否定する」役割

今回は１文目の「iPhone は流行しない」という批評家の考えを，「それは完全に間違っていた」と否定しています。ここでは過去のことなので，Nothing could have been further from the truth. となっています（仮定法過去完了形で“助動詞 have *p.p.*”の形）。

POINT Nothing could be further from the truth. の意味は「真実」でしょうか，それとも「真実ではない」でしょうか？ 丸暗記に頼らず，自分で意味を導き出せる発想を解説していきます。

2007年にアップルのiPhoneが初めて発売されたとき，批評家たちはハードウェアキーボードを搭載していない端末は流行しないと言った。これは完全に間違った考えであり，あとはご存じの通り言うまでもない。

013

CHAPTER 1

構文解析

(When Apple's iPhone first went on sale (in 2007)), critics said 〈{that} a device [without a hardware keyboard] would never catch on〉. Nothing could have been further (from the truth), and the rest is history.

(When: 接続詞／Apple's iPhone: (s)／went on sale: (v)／critics: S／said: V／that: O／a device: (s)／would never catch on: (v)／Nothing: S／could have been: V／further: C／the rest: S／is: V／history: C)

前の内容を否定！

ちなみに，The rest is history. は直訳「残りは歴史です」→「あとの話は(歴史の通りで) みんなが知っていることだ」→「ここから先はご存じの通りです」という慣用表現です。大学受験ではあまり解説されませんが，入試に出たこともありますし，実際の場面でもよく使われます。

□ 会話でも使われる「比較対象の省略」

How are you? の返答の1つに，**It couldn't be better!「絶好調だよ！」**という言い方があります。これも比較対象の省略で，It couldn't be better {than now}.「今の状態より良い（better than now）なんて，仮の世界でもありえない（couldn't be)」→「もうこれ以上，上がりようがないほど良い」→「絶好調」となるのです。

※ Couldn't be better. や Never better. も同じ意味です。

語句　critic 名 批評家／device 名 機器／hardware keyboard ハードウェア（としての）キーボード／catch on 流行する，人気になる

CHAPTER 1 14

一般論の否定 (8) ― not that を使った否定表現

It is not that ～／Not that ～

> I don't have any pets. **Not that** I don't like animals. It's just that they are not permitted in my apartment building.

□ Not that ～「～というわけではない」

本来，It is not that ～「～ということではない／（だからと言って）～というわけではない」という形です（この It は仮主語などではなく，前の内容を指すもの）。相手に誤解を与えそうなときなどに，**「～って言いたいわけじゃないんだよ」という感じ**で使われます。そして，ここから It is が省略されたのが Not that ～ です。

構文解析

前の内容に関して理由を否定

I (S) don't have (V) any pets (O). {It (S) is (V)} Not 〈that (C) I (s) don't like (v) animals (o)〉.

It's (S V) just 〈that (C) they (s) are not permitted (v) (in my apartment building)〉.

実際の理由！

Not that ～ で「(それは＝ペットを飼っていないのは) 動物が嫌いだからというわけではない」と言っています。

その次の文では，It's just that ～ で「それは単に，アパートがペット禁止なだけ」という本当の理由を示しているわけです。当然ここも “not *A*. *B*” のパターンですね（⇒ p.14）。

※今回のように {It is} Not that ～. It's just ...「～というわけではない。ただ…だけなんだ」の形は頻出です。日常会話でも便利ですよ。

POINT 長文でも会話でもリスニングでも，いきなり Not that 〜 なんていう，文法が崩れた形が出てくることがあります。これも意味だけでなく，文章中での役割を意識することが大切です。

私はペットを飼っていません。動物が嫌いなわけではないんです。ただ，私の住んでいるアパートがペット禁止なだけなんです。

014

関連表現

Not that 〜 に似た表現を2つ確認しておきましょう。

(1) That's not to say that 〜「〜というわけではない」

例 Most of the most valuable gemstones in the world are diamonds. **That's not to say that** other gemstones aren't also valuable, with some sapphires and rubies valued in the tens of millions of dollars.
世界で最も価値のある宝石のほとんどはダイヤモンドだ。他の宝石にも価値がないというわけではなく，サファイアやルビーには数千万ドルの価値がついているものもある。

※ That's not to say that 〜 で「それは〜と言っているということではない」→「〜というわけではない」となります。

※ valuable「価値のある」／ gemstone「宝石（の原石）」／ with OC「O が C の状態で」(今回のように，SV, with OC は「SV だ。そして O が C だ」と訳すと自然になる)

(2) Just because 〜 doesn't mean ...
「〜だからといって…というわけではない」

例 **Just because** you read classical literature **doesn't mean** you are wise.
古典文学を読んでいるからといって，賢いというわけではない。

※本来は Just because 〜, it doesn't mean ...「〜だからといって，それは…を意味しない」の形ですが，(超例外的に) because 節が名詞化して，Just because 〜 doesn't mean ... の形でも使われるようになったものです (because 節が主語)。

※ classical「古典的な」／ literature「文学」

CHAPTER 1

15

譲歩→逆接（1）― 譲歩・逆接の基本パターン

On the surface, ～, but ...

On the surface, the international agreement on greenhouse gas emissions appears to be a win for the environment, **but** critics say its targets are unrealistic.

□「譲歩→逆接」の基本パターン

まずは，どこでも習う（もしくは習わなくても自分で気づける）ほど簡単なパターンを確認しておきましょう。どれも「多くの人が～だと思うことは著者である私は知っていますよ。でもね…」と展開するパターンです。

譲歩→逆接の基本パターン

(1) 譲歩→逆接

may ～ but ...「～かもしれないが…」／ It is true that ～, but ...「確かに～だが…」／ Of course ～ but ...「もちろん～だが…」

※ may → might，but → however などのバリエーションもよくある

(2) 世間の声への反論

Many people think ～, but ...「多くの人は～と思っているが，…」

□「譲歩→逆接」の応用パターン

今回出てきた on the surface「表面上は，見かけは」という熟語も，このパターンで使われます。長文で**「表面上は～するように見えるが，実際にはそうではない」**といった流れで使われるのです。

さらにこの英文では，appear to ～「～するようだ」もポイントになります。**On the surface, S appears to ～, but ...「表面上は～するように見えるが，…」**という形を見抜けるようになってほしいと思います。

POINT 「譲歩→逆接」の流れとは，「確かに～」と譲歩したあとに「しかし」と続けるパターンです。Of course ～ but ... ばかりが有名なのですが，もっと知られていない，でも大事な表現をマスターしていきます。

一見すると，温室効果ガス排出に関するその国際協定は環境にとって勝利のように見えるが，批評家はその目標は非現実的だと述べている。

015

構文解析

譲歩

(On the surface), the international agreement [on greenhouse gas emissions] appears to be a win [for the environment], but critics say 〈{that} its targets are unrealistic〉.

S: the international agreement [on greenhouse gas emissions] / V: appears to be / C: a win / S: critics / V: say / O: 〈{that} its targets are unrealistic〉 / (s) its targets / (v) are / (c) unrealistic

ここから主張！

but があるので主張に気づきやすいのですが，みなさんは On the surface や appears to ～ を見た瞬間に「このあとに内容がひっくり返るはず！」と，いち早く考えられるようになってください。

□ At first glance ～, but ...「一見したところでは～だが，…」

at first glance は直訳「最初の（first）ちらりと見ること（glance）という一点では（at）」→「一見したところ」です。on the surface と同じく，そのあとは**「実際は違う」**という展開になるのが普通です。

例 **At first glance**, the city looked unchanged in the 20 years since Reiko had visited, **but** after spending a week there, she realized that it was a lot less lively than it had been previously.
見たところ，その街はレイコが訪れた20年前と変わらなかったが，1週間過ごしてみると，以前よりもだいぶ活気がなくなっていることに気づいた。
※ a lot「（比較級を強調して）ずっと」／ lively「活気のある」／ previously「以前に」

語句　greenhouse gas 温室効果ガス／ emission 名 排出／ critic 名 批評家

譲歩→逆接 (2) ― 分詞構文を使った表現①

Admitting that (s)(v), S still V.

Admitting that university budgets have been cut significantly in recent years, educators are **still** expected to provide students with the best education possible with the resources they do have.

□ 分詞構文の意味

Admitting that (s)(v), S still V. の形で「(s)(v) を認めながらも，それでもSV だ」となります。Admitting that ～以降では「譲歩」がきて，主節で「主張」が述べられるとしっかり意識してください。

※分詞構文の意味をよりハッキリさせるために，While[Although] admitting that (s)(v), ～ のように接続詞をつけることもあります。

構文解析

(Admitting 〈that university budgets have been cut (significantly) (in recent years)〉), educators are still expected to provide students (with the best education possible) (with the resources [they do have φ]).

譲歩　ここから主張！

university budgets (s) / have been cut (v) / educators S / are still expected to provide V / students O

今回のように Admitting の後ろには「マイナス内容」がくることがほとんどです。そのあとにプラス内容が続き，**「マイナス内容を認めながらも，プラス内容を述べる」**という流れでよく使われるのです。もちろん，主節の「プラス内容」が主張になります。

※ちなみに，逆に「プラス内容を認めながらも，マイナス内容を述べる」場合は {While} recognizing that (s)(v), SV. などの形がよく使われます。

POINT 分詞構文の熟語で，admitting ～「～は認めるが」というものがあります。みなさんは，単に意味を覚えるだけでなく，長文での役割まで注目できるようになってください。

近年，大学の予算が大幅に削減されていることを認めながらも，教育者には，手持ちの資源で可能な限り最高の教育を学生に提供することが期待されている。

016

CHAPTER 1

□ 分詞構文の意味は「位置」が大切

今回の admitting ～「～は認めるが」のように，意味が決まっている表現もありますが，分詞構文の意味は原則「文脈判断」です。ただし，位置によっての違いを覚えておくと便利なので，以下を参考にしてみてください。

①	文頭	[-ing ～], SV.	→	適当な意味
②	文中	S, [-ing ～], V.	→	適当な意味（主語の説明が多い）
③	文末	SV{,} [-ing ～].	→	「そして～，～しながら」

分詞構文が**前**か**真ん中**なら**「適当」**（「～して，SV だ／～で，SV だ」など文脈に合わせて考えれば OK），**後ろ**にある場合は**「そして～，～しながら」**と考えれば，大半の場合は意味がとれます（どちらでも OK ということも多い）。

例 The porter just stood there, **expecting** a tip from the guest.
そのポーター（客の荷物を運ぶ人）はただそこに立って，客からチップをもらうことを期待した。
※「立った。そして期待した」でも「期待しながら立った」でも OK です。

語句 budget 名 予算／ significantly 副 大幅に，かなり／
be expected to ～ ～すると期待されている／provide 人 with 物　人に物を提供する／
possible 形（the best などの最上級を後ろから強めて）できる限りの／
resource 名 資源

17

譲歩→逆接(3)― 分詞構文を使った表現②

that said/having said that

So far, world leaders have not been able to meaningfully curb greenhouse gas emissions and slow global warming. **That said**, giving up is not an option.

□ that said の成り立ちを理解する

that said「そうは言っても」という表現は，本来は分詞構文です。変な形に見えますが，that は分詞構文の意味上の主語です。

分詞構文の熟語で有名なものに，considering all things「すべてを考慮すると」という表現があります。これは受動態（の分詞構文）の all things considered という形でも使われます。分詞構文 being considered の前に，意味上の主語 all things が置かれ，being が省略された形です。「すべてが考慮されると」→「すべてを考慮すると」となるわけです。

that said も同じ感覚です。能動では having said that（said の目的語が that）で，これが受動になると **that said「それが言われると」→「そうは言っても」**となるわけです。

□ that said の後ろに「主張」がくる

that said は「確かに～だけど，そうは言っても…」といった流れで使われ，**後ろに「主張」がくる**ことが多いです。今回も「確かに地球温暖化を遅らせられていないが，あきらめるべきではない」という流れですね。

構文解析

(So far), world leaders [S] have not been able to [V] (meaningfully) curb greenhouse gas emissions [O] and slow [V] global warming [O]. (That said), giving up [S] is not [V] an option [C].

ここから主張！

POINT 分詞構文の慣用表現はいろいろ習うのですが，従来の受験対策では，that said「そうは言っても」という熟語が見落とされがちです。実はこれも前の内容を認めながらも，そのあとに主張を述べる重要表現なんです。

これまでのところ，世界のリーダーたちは，温室効果ガスの排出を実質的に抑制し，地球温暖化を遅らせることはできていない。だからと言って，あきらめるという選択肢はない。

017

1文目では副詞 meaningfully が to curb の間に割り込んでいます。これは「分離不定詞」と呼ばれる形で，文法書ではマイナー扱いですが，実際にはよく使われます（共通テストでも京都大でも出ています）。

CHAPTER 1

□「対比・反論」を表す接続副詞

that said は長文でよく出ますし，日常会話でも頻繁に使われます。さらに，単に長文中に出るだけでなく，九州大では長文中の That said, SV ～ に下線が引かれて，言い換えとして nevertheless「それにもかかわらず」を選ぶ問題も出題されました。こういった「対比・反論」系の表現は設問でよく狙われるので，重要なものをまとめてチェックしておきましょう。

「対比・反論」系の表現 ※接続副詞と同じ働きをする「副詞句」も含めています

- **however ／ yet**「しかしながら」
- **still ／ all the same ／ nevertheless ／ nonetheless**「それにもかかわらず」
- **on the contrary**「それどころか」／ **even so**「たとえそうでも」
- **on the other hand ／ by contrast ／ in contrast**「対照的に」
- **though**「けれども」 ※「接続詞」以外に「副詞」もある
- **instead ／ alternatively**「その代わりに」
- **indeed ／ rather ／ in fact ／ as a matter of fact**「それどころか実際は」

語句 meaningfully 副 意味をなすように，有効に／ curb 動 抑制する

対比表現 — その他の対比を示す語句
in spite of the fact that ～

Construction of new homes along the coast continues **in spite of the fact that** climate change is expected to result in stronger and more frequent hurricanes in the coming years.

□ 重要な「対比」表現

まずは対比表現として大事なものをチェックしましょう。単に「意味を知っている」だけではなく，長文で「反応」できる（前後の内容が反対になると予想できる）ようになることを意識してください。

重要な「対比」表現
rather than ～「～よりむしろ，～ではなく」／ **SV while[whereas] (s)(v).**「SV だ。その一方で (s)(v) だ」(接続詞) ／ **despite ～**，**in spite of ～**，**notwithstanding ～**「～にもかかわらず」／ **albeit**「～だけれども，～にもかかわらず」(接続詞) ／ **in contrast to ～**「～とは対照的に」／ **compared to[with] ～**「～と比べると」／ **contrary to ～**「～とは反対に」／ **unlike ～**「～とは違って」／ **far from ～**「決して～ではない」／ **instead of ～**「～の代わりに，～ではなく」／ **aside[apart] from ～**「～は別として」

□ “in spite of the fact that ～ ≒ although ～”と考える

despite ～，in spite of ～「～にもかかわらず」はどちらも前置詞で，後ろに (s)(v) を置くことはできません。ただし，the fact that ～「～という事実」(同格の that) を挟むことで，後ろに (s)(v) を置くことができて，**despite the fact that (s)(v)** ／ **in spite of the fact that (s)(v)「(s)(v) という事実に**

POINT in spite of ～「～にもかかわらず」という熟語は有名ですが，実はこの熟語は in spite of the fact that ～ という形で頻繁に使われるのです。

今後数年間，気候変動によってさらに強いハリケーンがより頻繁にもたらされると予想されているにもかかわらず，海岸沿いで新しい住宅の建設が続いている。

018

もかかわらず」となります。

ざっくり言ってしまえば "in spite of the fact that (s)(v) ≒ although (s)(v)" と考えるのもアリです（although 以外に {even} though でも OK）。

構文解析

「対比」の目印

Construction [of new homes along the coast] continues (in spite of 〈the fact 〈that climate change is expected to result in stronger and more frequent hurricanes (in the coming years)〉〉).

(S: Construction / V: continues / (s): climate change / (v): is expected to result in / (o): stronger and more frequent hurricanes)

in spite of the fact that ～ 以降では，"原因 result in 結果" という因果表現が使われています（⇒ p.147）。

この形を押さえておけば，以下のような文法問題も瞬時に解けます。

次の日本文に相当する意味になるように，[　] 内の語句を並び替えなさい。

嵐が近づいていたという事実にもかかわらず，彼らは登山を続けた。

[a storm / fact / in / of / spite / that / the / was] approaching, they continued climbing.　（関西学院大）

（解答 [In spite of the fact that a storm was] approaching, they continued climbing.）

CHAPTER 1

1　次の英文を読んで問いに答えなさい。

Resilience is not a genetic trait. It is derived from the ways people learn to think and act when they are faced with obstacles, large and small. （名古屋工業大・改）

問　次の文が本文の内容と一致する場合には○を，一致しない場合には×を記入しなさい。
Resilience is partly genetic and partly a learned trait.

2　次の英文を読んで問いに答えなさい。

Despite the widespread belief that women talk more than men, most of the available evidence suggests just the opposite. When women and men are together, it is the men who talk most. Two Canadian researchers reviewed sixty-three studies which examined the amount of talk used by American women and men in different contexts. Women talked more than men in only two studies. （略）

Why is the reality so different from the myth? To answer this question, we need to go beyond broad generalizations and look more carefully at the patterns identified. （略） （白百合女子大）

問　What is the myth?
1. Women talk more than men.
2. Women find it hard to contribute to a discussion.
3. The stereotype of the talkative woman does not reflect reality.
4. Males dominate classroom talk.

3　次の英文を読んで問いに答えなさい。
※「創造的な問題に集団で取り組むべきか，個人で取り組むべきか？」に関する文章より

① Although you may expect that the complexity of such creative problems would give groups a natural advantage, this is *not* the case. In fact, research has shown that on poorly structured, creative tasks, individuals perform better than groups. （関西大）

問　What does the author want to express most in Underline ①?
1. It is a mistake to assume that groups are better than individuals at solving issues requiring original solutions.
2. While groups are generally better at solving difficult obstacles, there are special cases where individuals excel.
3. The notion that situations requiring innovative thinking are best handled by individuals is untrue.

解答・解説　※解答は p.52 の下にあります。

1　　01 主張を見抜く (1) ― 消える but を見抜く（⇒ p.14）

1文目の not に反応して次に「肯定文で主張がくる」と予想しながら読むと，「遺伝でなく後天的」だとハッキリわかります。選択肢「ある程度遺伝的，ある程度後天的」のように「2つとも肯定」しているわけではないため×です。

和訳　レジリエンスは遺伝的な形質ではない。それは，人々が大小さまざまな壁にぶつかったときに，考え，行動できるようになる過程によってもたらされる。
問：レジリエンスは，ある程度遺伝的で，ある程度後天的な形質である。

語句　resilience 名 レジリエンス，回復力／genetic 形 遺伝的な／trait 名 特徴，形質／be faced with ～　～に直面する／obstacle 名 障害／partly 副 部分的に，ある程度／learned 形 後天的な

参照　61 因果表現 (1) ― 動詞①（⇒ p.146）：2文目は be derived from ～「～に由来する，～から生じる」という表現で，"結果 is derived from 原因" の関係です。

2　　07 一般論の否定 (1) ― 一般論を表す意外な単語（⇒ p.26）
10 一般論の否定 (4) ― otherwise を使った否定表現（⇒ p.32）

本文中から myth「迷信・俗説（広く信じられているが実際には正しくない考え）」を探すと，第1段落1文目に the widespread belief that women talk more than men が見つかります。「女性は男性よりもよくしゃべる」という内容が迷信なので 1 が正解です。全体は「一般論：女性のほうがよくしゃべる」⇔「現実：男性のほうがよくしゃべる」という対比です。

和訳　女性は男性よりもよくしゃべるという考えが広まっているが，入手できる証拠のほとんどはその逆であると示唆している。女性と男性が一緒にいるとき，最もよくしゃべるのは実は男性なのだ。2人のカナダ人研究者が，アメリカ人女性と男性がさまざまな状況でどれくらい話すのかを調査した63の研究を再検討した。女性が男性より多く話していたのは，たった2つの研究だけだったのだ。(略)
なぜ現実はその迷信とこれほど違うのだろうか？　この問いに答えるには，我々は大ざっぱな一般論にとどまらず，特定された傾向をより注意深く観察する必要がある。(略)
問　その迷信とは何か？　1. 女性は男性よりもよくしゃべる。／2. 女性は議論に貢献するのが難しいと思っている。／3. おしゃべりな女性という固定概念は現実を反映していない。／4. 男性は教室での話を支配している。

語句　available 形 利用できる，手に入る／broad 形 大まかな／generalization 名 一般化／identify 動 特定する／stereotype 名 固定概念／reflect 動 反映する／male 名 男性／dominate 動 支配する

参照　19 強調構文を見抜く (1) ― 基本形 (⇒ p.54)：2文目 it is the men who talk most は "It is 人 who ～" という強調構文で,「よくしゃべるのは (女性ではなく) 男性」と対比されています。／33 具体例の発見 (1) ― 固有名詞 (⇒ p.82)：3，4文目で具体的な研究結果を挙げています (Canadian や American のような固有名詞は「具体例」の目印になります)。／41 疑問文の役割 (1) ― テーマの提示 (⇒ p.98)：第2段落1文目のように「段落の頭」に疑問文がある場合は「テーマの提示」の働きになることが多いです。このあとで「なぜ『女性は男性よりよくしゃべる』という迷信が現実とこれほど違うのか？」について詳しく説明していくわけです。／72 まとめ表現 ― this の意外な使い方 (⇒ p.168)："this + 名詞" の形で, そのテーマを this question「この質問」とまとめています。

3　09 一般論の否定 (3) ― the case を使った否定表現 (⇒ p.30)
02 主張を見抜く (2) ― not *A* but *B* のバリエーション① (⇒ p.16)

下線部①の直訳は「そのような創造的な問題の複雑性は集団に当然の優位性を与えると思うかもしれないが，これは事実ではない」です。つまり「創造的な問題を解くには個人よりも集団のほうが有利だ」という一般論を，this is *not* the case で否定しているので，1 が正解です。

※直後の In fact, ～ で「集団より個人のほうが良い結果を出す」と示していますね。～, this is *not* the case. In fact ...「～は事実ではない。実際は…だ」という典型的な流れです。

和訳　そのような創造的な問題は複雑であるため，集団のほうが当然有利であると思うかもしれないが，実際はそうではない。実は，研究によって，あまり体系化されていない創造的な課題では，集団よりも個人のほうが良い結果を出すと明らかになっているのだ。

問　筆者が下線部①で最も表現したいことは何か？　1. 独創的な解決策を必要とする問題を解決するのに，集団が個人よりも優れていると考えるのは間違いだ。／2. 難しい障害を解決するのは一般的に集団のほうが得意だが，個人が優れている特殊なケースもある。／3. 独創的な考えを必要とする状況では個人で対応するのが最も良いという考えは間違いだ。

語句　complexity 名 複雑性／poorly 副 不十分に／structure 動 構造化する／issue 名 問題／obstacle 名 障害／case 名 場合 (関係副詞 where は case を先行詞にとれる)／excel 動 優れている，得意だ／notion 名 考え／handle 動 対応する

参照　08 一般論の否定 (2) ― 反論・異論表現 (⇒ p.28)：正解の選択肢にある assume も「(証拠なしに) 思い込む」の意味で，一般論の目印によくなります。

解答　1 ×　　2 1　　3 1

CHAPTER 2

重要情報・具体例・反復表現

従来，強調構文の説明といえば「It is と that を取り払って文が成立すれば強調構文」といった「確認の仕方」ばかりが教えられます。本書では「そもそも強調構文にどう反応するのか」を解説していきます。
さらに，具体例の見つけ方も示します。for example は実際の英文の中では思ったほど使われないのです。英語の文章を書く人たちがどう具体例を示すのか，我々著者陣が研究を重ねてまとめ上げたパターンを紹介していきます。
その英文が大事な主張なのか具体例なのか，はたまた単なる前の内容の反復なのか，といったことを見抜く力をこのChapter で養成していきます。

CHAPTER 2 19

強調構文を見抜く(1) — 基本形
It is not *A* but *B* that ～

It is not intelligence **but** hard work **that** makes a person successful.

□ 強調構文は「対比」が前提

強調構文とは，強調したい語句を It is ～ that で挟んで目立たせる形です。強調構文は2つのものを比べた結果，片方を強調する働きがあるので，**常に「対比」が前提**となります。その対比の典型パターンが not *A* but *B*「A ではなくて B だ」なので，これを基本形と考えましょう。

強調構文の基本形

It is not *A* but *B* that ～「～なのは，決して A ではなく，実は B なんだ」

構文解析

It is not *A* but *B* that ～で対比！

It is not intelligence but hard work that makes a person successful.
(S: It is not intelligence but hard work that / V: makes / O: a person / C: successful)

S make OC は「S によって O は C する」です（⇒ p.122）。ここでは「知力ではなく勤勉さによって，人は成功する」ということです。

□ 訳すときはきちっとアピールしよう

「強調構文」と呼ばれるからには，訳すときに**「きちんと強調すべき」**です。簡単な方法としては，not の前に「決して（～でない）」を入れる，but 以降には「実は」などの大事な情報を伝える言葉をつけ足すといいでしょう。

※入試では「強調構文を見抜けたよ」という採点官へのアピールをしないといけないので，不自然にならない限りは答案に書いたほうがいいです。

POINT 強調構文は「It is と that で挟む」「その It is と that を取り払って文が成立すれば強調構文」といったことばかりを習いますが，肝心の「どう見抜くのか」をここできちんと解説していきます。

人が成功するのは（決して）知力なのではなく，（実は）勤勉さのおかげなのだ。

019

基本形から発展した形もある

「対比」を含意する，以下の形も非常によく使われます。

強調構文の重要な形（対比＆追加系）

- **It is not only *A* but also *B* that 〜**
  「〜なのは，実は A だけでなく，B もだ」
  = It is not only *A* that 〜, but *B*
- **It is *B* as well as *A* that 〜**「〜なのは，実は A だけでなく B もだ」

こういったパターンを知っておくと，最初の It is not などを見た瞬間に「強調構文かも？」と反応することができるのです。そのあとに that を見つけて，さらに，例の It is と that を外して文が成立するか確認する方法を使えば強調構文だという確証を得ることができます。

強調構文の重要な形（比較系）

- **It is not so much *A* as *B* that 〜**
  「〜なのは，実は A というより，むしろ B だ」
  = It is not so much *A* that 〜, as[but] *B*
- **It is *B* rather than *A* that 〜**
  「〜なのは，実は A というよりむしろ B だ」
- **It is 比較級を含む語句 that 〜**
  「〜なのは，実は比較級を含む語句だ」

※比較級は「対比」が前提となる（何かに対して「よりいっそう〜だ」と比べるため）

20

強調構文を見抜く（2）— 頻出形①

It is not only *A* that ～, but *B*

It is not only the dinosaurs **that** were wiped out by the asteroid collision, **but** many other species of animals as well.

□ 強調構文の頻出形

強調構文の基本形は，It is not *A* but *B* that ～ ですね。ここから not *A* か but *B* のどちらかに重点を置くことがあります。まず今回は **not *A* に重点を置く**，つまり「絶対に A じゃないんだよ！」と強調するイメージです。

※ A には「一般論」がくることが多いので，まずは多くの人が思い込んでいることを強く否定したいときに使われます。

強調構文の頻出形（1） not *A* を強調する

● **It is not *A* that ～, but *B***　※ but *B* が後ろに移動する

また，後ろの but *B* が 1 つの文になる（It is not *A* that ～ で区切る）ことも多く，その場合，but が消えて，**It is not *A* that ～. *B***（肯定文）となります。これは「消える but」と同じ発想です（⇒ p.14）。

いずれにせよみなさんは，**It is not を見た瞬間に強調構文を予想して，後ろに that があれば強調構文と判断すればいい**のです（It is not のあとに「形容詞」がきたときは，仮主語の It になりますが，その例外については p.61 で触れます）。さらに，そのあとには主張となる文（こちらは強調構文ではなく普通の文）が出てくるという展開まで予想できるのです。

※もちろんここでも，強調構文だと断定するのが不安なら，「It is と that を隠して文が成立すれば強調構文」というルールで確認すればいいだけです。

POINT 強調構文は，前回の基本形からいろいろな形に変形していきます。今回と次回で，その変形パターンを確認していきます。

小惑星の衝突によって全滅したのは，決して恐竜だけでなく，実は他の多くの種の動物も同様に絶滅したのである。

020

□ It is not only ～ を見た瞬間に「強調構文」を予想！

前項で，強調構文の重要な形（対比＆追加系）として，It is not only *A* but also *B* that ～「～なのは，実はAだけでなく，Bもだ」も紹介しました。こういったパターンも，**not only *A* を強調する**（つまり but *B* を後ろまわしにする）ことが頻繁にあります。それを踏まえて今回の英文を読み直してみてください。

構文解析

It is not only *A* that ～, but *B* as well

It is not only the dinosaurs (S) that were wiped out (V) (by the asteroid collision), but many other species of animals (S) as well.

今回は **It is not only *A* that ～, but *B* as well「～なのは，実はAだけでなく，Bもだ」**の形です。not only *A* but also *B* はいろいろなバリエーションがあり，also → as well や too に変わることがよくあるのでしたね（⇒ p.15）。

※ちなみに，このような「恐竜」の話は入試頻出です。「恐竜の絶滅の原因」や「恐竜は鳥と爬虫類のどっちに近いのか」など，学者の興味が尽きず最新の発見がなされ続けていて，その内容が入試でもよく出題されるのです。ですから，今回の英文の単語は難しいですが，難関大では必須単語と言えます。

語句　wipe out 絶滅させる／asteroid 名 小惑星／collision 名 衝突／species 名（生物の）種

21

強調構文を見抜く(3) ― 頻出形②
It is really *B* that ～

It is really flushing the toilet **that** accounts for the greatest percentage of household water consumption.

□ 主張を強調するパターン

基本形（It is not *A* but *B* that ～）から but *B* を強調したい場合は，not *A* を移動させて，*B* だけを It is と that で挟みます。not *A* 自体は前後どちらに移動しても OK です。強調構文の前に移動するパターン（まずは普通に一般論を否定する）と，後ろに飛ばすパターン（まずは主張を強調して，あとから「まあ，A じゃないんだけどね」とつけ加える形）があります。

強調構文の頻出形 (2)　but *B* を強調する
- **not *A* を前へ移動：**... not *A*. It is *B* that ～
- **not *A* を後ろへ移動：**It is *B* that ～, not *A*

※この It is *B* that ～ という形は，みなさんが初めて強調構文を習うときの形です。言ってみれば，いきなりこの形から入るから気づきにくいのです。

not *A* が移動して，残った but *B* を強調すると，**It is *B* that** ～ となります (not *A* がそばにない以上，but があると意味不明なのでカットする)。

例　**It is** what you do **that** counts, **not** what you say.
大切なのは，言葉ではなく，行動だ。
※ count「重要だ」(⇒ p.66) ／ you は「人々全般」を表す総称用法

□ 強調構文だと即断できる

このパターンでは，実際には「つい B に気合が入ってしまう」ためか，only など，何かしら「強調語句」がつくことが多いのです。

POINT 前項では一般論の否定を強めるパターンでしたが，今回は主張を強めるパターンです。この本の著者陣が独自に研究を重ねて収集した「強調構文の頻出パターン」を今回も公開していきます。

家庭の水道消費の割合で一番多くを占めるのは，実はトイレを流す水（トイレを流すこと）なのです。

021

強調構文の頻出形 (3)　限定・強調系

- It is only *B* that ～「～なのは，実は B だけだ」
- It is the very *B* that ～「～なのは，まさに B だ」
- It is this *B* that ～「～なのは，まさにこの B だ」
- It is the *B* ...（関係詞など後置修飾）that ～「～なのは，実は…という B だ」

強調構文の頻出形 (4)　強調の副詞系

- It is really *B* that ～「～なのは，本当は B だ」
- It is actually *B* that ～「～なのは，実際は B だ」
- It is indeed[in fact] *B* that ～「～なのは，実際は B だ」
- It is precisely *B* that ～「～なのは，まさに B だ」
- It is mainly *B* that ～「～なのは，主に B だ」

構文解析

It is really *B* that ～

It is really flushing the toilet (S) that accounts for (V) the greatest percentage (O) [of household water consumption].

「家庭の水道消費の割合で一番多いのは，（風呂，洗濯などではなく）実はトイレの水を流すこと」といった対比だと考えられますね。

語句　flush 動 水を流す／ account for ～ ～を占める／ household 形 家庭の

CHAPTER 2

22

強調構文を見抜く（4）— 品詞による即断パターン
It is 副詞 that ...

It is because she was so disciplined in her studying **that** she was able to pass the medical school entrance exam.

□ "It is 副詞 that ..." は強調構文！

強調構文で強調できるものは「（主語か目的語になる）名詞」と「副詞」です。これを裏返すと「動詞，形容詞，C（補語）になる名詞は強調できない」とわかります。以上を踏まえると次のルールができあがります。

「品詞」からの即断パターン

- **It is 副詞 that ...**　※副詞には副詞句，副詞節もOK
- **It is 代名詞 that ...**　※代名詞（heなど）が「関係詞の先行詞」になることはない

今回の英文はIt is because ～ that ... の形から，**because ～が副詞節なので，強調構文だと判断できる**のです。

構文解析

It is 副詞 that ... → 強調構文！

It is (because she(s) was(v) so disciplined(c) (in her studying)) that she(S) was able to pass(V) the medical school entrance exam(O).

she was so disciplined in her studying は，直訳「彼女は自分が勉強することにおいてとても自制心があった」→「彼女はかなりの自制心をもって勉強した」です。直後の that は強調構文のもので，so ～ that ...「とても～なので…だ」と勘違いしないように注意してください。

※余談ですが，前の文脈からItが前の内容を指し，It is because ～「それは～だからだ」の場合なら，because節の中にso ～ that ... が入っていると解釈することも可能です（「よくわからん！」という人はスルーして大丈夫です）。

POINT 強調構文は「品詞」から見抜けることもあります。今回は，It is と that に挟まれた「品詞」に注目してみてください。

彼女が医学部の入試に合格できたのは，彼女がかなりの自制心をもって勉強したからだ。

022

補足 It is ～ that ... の識別法

即断できるパターン

- It is 副詞 that ... ／ It is 代名詞 that ... → 強調構文
- It is 形容詞 that ... ／ It is *p.p.* that ... → 仮主語構文

即断できないパターン（not や only などのヒントなし，名詞だけの形）

- It is 名詞 that ... → that 以下が「完全文」→ 仮主語構文
  → that 以下が「不完全文」→ 強調構文

例 **It is you who** should tell Ms. Lao about this, **not** me.
私じゃなくて，あなたがこのことをラオ先生に報告すべきです。
※ It is you（代名詞）who[that] ... なので強調構文だと即断できる（人を強調するときは that の代わりに who もよく使う）／「私じゃなくてあなた」という対比

例 **It is** the absence of wisdom **that** ruined Ancient Rome.
古代ローマが没落したのは，なんと知恵が不足していたからである。
※ It is 名詞 that ... → that の後ろは不完全（ruined の主語が不足）→ 強調構文と考える／これは一橋大の整序問題で出題された英文／ただし実際にはこれまで解説したように，not や only などのヒントがあることがほとんどです。

語句 disciplined 形 自制心がある／ pass 動 合格する／ medical school 医大，医学部

CHAPTER 2

23

強調構文の定番構文 (1) ― 疑問詞の強調構文

疑問詞 is it that ...?

Engineers discussed **what it is** about hydrogen vehicles **that** makes them impractical.

□ 疑問詞の強調構文

"疑問詞 is it that ...?" の形を見たら，即「強調構文だ！」と反応して OK です。

- **形**：疑問詞 is it that ...?
  ※この形は強調構文だと即断可能／疑問詞は何でも OK
- **意味**：「一体全体疑問詞なのか？」
  ※「一体全体」などで疑問詞を強調
- **注意**：間接疑問文では普通の語順（it is）になる
  例：I know 疑問詞 it is that ...

例 **Who was it that** he met at the party yesterday?
彼は昨日のパーティーで一体誰に会ったの？

補足 "疑問詞 is it that ...?"の形になるプロセス

It is 疑問詞 that ...　※疑問詞を It is と that で挟む（強調構文にする）
　※疑問詞を文頭へ／疑問文の語順（is it）になる
疑問詞 is it that ...?

POINT What is it that ...? という形を見たら，単語は簡単なのにどんな構造なのか一瞬わからないかもしれません。でもこれは，瞬時に「強調構文」だと見抜けなければいけないのです。

エンジニアたちは，水素自動車が非現実的なものになっている原因は一体何なのかについて話し合った。

023

□ what it is about ～ that ... の形

今回は，“疑問詞 is it that ...?” の応用です。まず1つ目の応用として，**間接疑問**になっているので（discuss「～について話し合う」の目的語），what it is という語順になっていることに注目してください。

※並び替え問題で出ることも多いので語順の意識は重要です。

次のポイントは about ～ が挿入されていることです。本来，It is *X* about ～ that ...「…なのは，～に関してはXだ」で，少し訳す順番を変えて，「～に関して…なのはXだ」と訳せる形です。ここからXだけが what になって文頭に出るわけです。**what it is about ～ that ...「～に関して…なのは，一体何なのか」**となります。

構文解析

Engineers (S) discussed (V) 〈what it is (O(s)) about hydrogen vehicles that makes (v) them (o) impractical (c)〉.

間接疑問で“疑問詞 it is about ～ that ...”

S make OC「SによってOがCになる」のSが強調されているので，英文の骨格は「一体何によって，OがCになるのか」です。what it is about hydrogen vehicles that makes them impractical は，直訳「それら（＝水素自動車）を非現実的なものにするものは，一体全体，水素自動車に関する何なのだろうか」となります。

※無生物主語の what を「何が」→「何によって，何で」と訳す発想は，いろんなところで役立ちます。

語句　hydrogen 名 水素／vehicle 名 車，乗り物／impractical 形 非現実的な

CHAPTER 2

強調構文の定番構文 (2) — not until を使った強調構文
It was not until 〜 that ...

It was not until his girlfriend said that she wanted to break up **that** Bob realized there was a problem with their relationship.

□ It was not until 〜 that ... の成り立ち

It was not until 〜 that ... は「〜して初めて…した」という意味です。

例 **It was not until** I returned home **that** I realized I had left my smartphone at school.
私は家に帰って初めて，スマホを学校に忘れてきたことに気づいた。

元々は単純な形で，Until 〜, SV（否定文）です。この Until 部分を強調構文の It was と that で挟むと，It was until 〜 that SV（否定文）になりますね。ここからさらに「否定語は前に置きたい」ということで，not を was のあとに移動します。ここまでを以下の図解で確認してみてください。

It was not until 〜 that ... の成り立ち

Until I returned home I didn't realize 〜
↓ ※ Until 〜 を "It was 〜 that" で挟む
It was until I returned home **that** I did[n't] realize 〜.
※ not を前へ
It was [not] until I returned home that I did realize 〜.
↓ ※ did + realize = realized
It was not until I returned home that I realized 〜.

「〜するまで SV しなかった」→「〜して初めて SV した」となります。たとえば「家に帰るまで気づかなかった」とは「家に帰って初めて気づいた」ということですね。

POINT 強調構文の「型」として世間に浸透しているのが，“It was not until ～ that ...”の形です。頻出だけに多くの受験生がこの構文を知ってはいますが，ここで成り立ちからしっかり理解していきましょう。

恋人に別れたいと言われて初めて，ボブは２人の関係に問題があることに気づいた。

024

□ 後ろにある that を見逃さない

今回の英文では，２つある that をきちんと把握できるかがポイントです。

構文解析

It was not until ～ that ...

It was (not until his girlfriend said 〈that she wanted to break up〉)
(s) (v) (o) (s') (v')

that Bob realized 〈{that} there was a problem [with their relationship]〉.
S V O (v) (s)

It was not until ～ that ... の“～”の中に, his girlfriend said that ... がきています。この that は単に名詞節をつくる(said の目的語になる)ものです。そしてその後ろに, that Bob realized {that} ... と続くわけです。

CHAPTER 2

□ 文法問題や英作文でも超頻出

次の日本語に合うように，[ ]内の語を正しい語順に並び替えなさい。
大学を出て初めて勉強の大切さがわかった。
It was [university / that / until / left / I / not] I realized the importance of study. (中京大)

(解答 It was [not until I left university that] I realized the importance of study.)

※日本文「～して初めて…」に注目して，It was not until ～ that ... の形にします。「大学を出て」は I left university「私は大学を離れた」とします。

25

重要情報を示す (1) ― 動詞
It doesn't matter if ～. What counts is ...

It doesn't matter if you pick up new skills quickly or it takes you a little longer to learn them. **What counts is** your desire to keep improving.

□ 「重要だ」という動詞

matter と count の意味を整理してみましょう。

「重要だ」という意味の動詞

- matter ： 名詞「もの，こと」 動詞「重要だ」 ※核心「中身が詰まった」
- count ： 動詞「数える，重要だ」 ※核心「数に入れる」

matter の核心は「中身が詰まった」で，そこから「もの・こと」という有名な意味になり,「中にものが詰まっているほど大切」→「重要だ」となったイメージです。

※関西学院大では，ズバリ "matter ≒ is important" の言い換えが出題されたこともあります。「重要」系の語句はかなりの確率で設問に絡むのです。

count は「数える」が有名ですが,「(数に入れるくらい) 重要だ」と考えれば OK です。たとえば球技大会で「アイツは運動神経がいいので１人確定」と数に入れられる人は「重要な人」ですよね。

□ It doesn't matter if ～. と What counts is ... に注目

今回の１文目は **It doesn't matter if ～「～かどうかは重要でない (どっちでもいい)」** です。It は仮主語，if ～「～かどうか」が真主語です (名詞節をつくる if)。そして２文目で，**What counts is ...「重要なことは…」** と続いています。

POINT matter と count という単語の意味を聞かれたら何と答えますか？ 実は matter は「もの・こと」以外に，count は「数える」以外に，とても大切な意味があるのです。

新しい技術をすぐに習得するか，習得に少し長く時間がかかるかは問題ではない。大切なのは向上心を持ち続けることだ。

025

構文解析

否定！

It(仮S) doesn't matter(V) 〈if(真S) you(s) pick up(v) new skills(o) quickly or it(仮(s)) takes(v) you(o) a little longer(o) to learn them(真(s))〉. What counts(S) is(V) your desire [to keep improving](C).

count を使って「主張」！

全体が "not *A*. *B*" のパターンになっています(⇒ p.14)。「〜かどうかは重要でない。重要なのは…」という流れで，筆者が重要だと思うことを主張しているわけです。

ちなみに，**pick up は本来「拾い（pick）上げる（up）」**で，ここでは「技術を拾い上げる」→**「習得する」**という意味です。他に「買い物途中で商品を拾い上げる」→「(途中で）買う」，「人を車に拾い上げる」→「人を車に乗せる」，「体力を拾い上げる」→「回復する」という意味も入試では大切です。

※ここでの you，your は総称用法（人々全般）です。

補足 「〜かどうかは重要でない(問題でない，どうでもいい)」

- It does not matter whether[if] (s)(v) {or not}.
- It does not make any difference whether[if] (s)(v) {or not}.

※ make a difference「差が生まれる，重要である」

語句　pick up 習得する／It takes 人 時間 to 〜　人 が〜するのに 時間 がかかる

CHAPTER 2

26

重要情報を示す（2）— 形容詞

play an increasingly crucial role in ～

New technologies for storing energy from renewable energy sources such as wind and solar power will **play an increasingly crucial role in** reducing our reliance on fossil fuels.

□ essentialもcrucialも「重要」と考える！

長文で「重要だ」という言葉を使っていれば，そこは大事な内容に決まっていますよね。当然，設問でも問われます。ですから長文問題においては**「重要だ」という単語に反応**できることが必要なのですが，importantばかりが有名で，その類義語は意外と知られていません。

多くの単語帳では，essentialは「本質的な」，crucialは「決定的な」，vitalは「致命的な」，significantは「意義深い」，fundamentalは「根本的な」，criticalは「批判的な」，といった訳語を最初に挙げているからです。もちろんその訳語もあるのですが，長文ではまず「重要な」という意味で考えることが大切です。

※実際にこういった単語を英英辞典でチェックすると，最初に"important"を使って説明している辞書がたくさんあるのです。

「重要な」という意味の形容詞　※カッコ内はよく最初にある訳語

crucial（決定的な）／essential（本質的な）／significant（意義深い）／principal（主要な）／fundamental（根本的な）／indispensable（不可欠の）／integral（不可欠の）／critical（批判的な）／vital（生命の，必須な）／key（鍵となる）／grave（深刻な，重大な）／primary（最初の，首位の）／leading（一流の）／foremost（最初の）／capital（最初の）／priceless（とても貴重な）／invaluable（とても貴重な）／pivotal（中心の）／decisive（決定的な）／instrumental（役立つ）

POINT crucialの意味は何でしょうか？ 単語帳をしっかりやっている受験生ほど「決定的な」と答えます。確かにその意味が単語帳では強調されていたかもしれませんが，まずは「重要」という意味で押さえてほしいのです。

風力や太陽光などの再生可能エネルギー源からエネルギーを貯蔵する新しい技術は，我々の化石燃料への依存を減らす上でますます重要な役割を果たすだろう。

026

□ よく使われる“play a 形容詞 role[part] in ～”

構文解析

New technologies [for storing energy (from renewable energy sources [such as wind and solar power])] will play an increasingly crucial role (in reducing our reliance [on fossil fuels]).

S V O

「重要」と示す！

play an increasingly crucial role in ～の意味は「～においてますます重要な役割を果たす」です。crucialは「決定的な」ではなく「重要だ」と考え，かつ「この文の内容が設問で問われる」と心の準備をしておくことで，手際よく問題を処理することができます。

CHAPTER 2

□ 「重要」系は言い換えが狙われる！

こういった「重要」系の語句は語彙問題でも非常によく出題されます。たとえば尾道市立大ではintegral ≒ essential，東京理科大ではinstrumental ≒ significant，上智大ではcrucial ≒ pivotalが出題されました。

例 She was **instrumental** in opening two overseas sales offices.
彼女は，2つの海外販売拠点の開設において重要な役割を果たした。

語句 store 動 貯蔵する，蓄える／ renewable energy sources 再生可能エネルギー源（自然の力で再生されるために枯渇しない風力，太陽光などのこと）／ reliance on ～ ～への依存／ fossil fuel 化石燃料

重要情報を示す(3) ― of + 抽象名詞

be of the utmost importance to ～

User feedback **is of the utmost importance to** our product development team and is used to guide the design of future products.

□ 形容詞 important が変形する

すでにネタバレしていますが，以下の問題にトライしてみてください。

(1) 次の英文の空所に入る最も適切な選択肢を選びなさい。

What was found in this experiment is (　　　) great importance to researchers.

1. by　　2. for　　3. in　　4. of　　(立命館大)

(2) 次の英文の空所に入る最も適切な選択肢を選びなさい。

Students work hard in Japan, not only because they believe that they can succeed through hard work. Nationally, education is believed to be of supreme (　　　).

1. importance　　2. important
3. importantly　　4. important matter　　(中央大)

(1) (解答 4)　この実験で発見されたことは研究者にとって非常に重要だ。

※ be of great importance to ～「～にとって非常に重要だ」

(2) (解答 1)　日本では，学生は熱心に勉強に取り組む。それは，猛勉強によって成功できると考えているからだけではない。全国的に，教育が最重要だと考えられているのだ。

※ be of supreme importance「最も重要だ」(supreme「最高の」)

POINT よく文法問題で，of importance = important の知識を問う問題が出ます。これは文法だけでなく，当然長文でも大事です。実際の英文でどう使われるのかを確認していきましょう。

ユーザーの声は，商品開発チームにとって最も重要なものであり，今後の商品設計の指針として利用される。

027

これは“of + 抽象名詞 = 形容詞”という大事なルールです。

“of + 抽象名詞 = 形容詞”の例

of use（=useful）「役に立つ」／ of help（=helpful）「役に立つ」／ of importance（=important）「重要な」／ of significance（=significant）「重要な」／ of value（=valuable）「価値がある」／ of interest（=interesting）「興味深い」

※例外は of necessity「必要に迫られて」（“of + 抽象名詞 = 副詞”になる）

□ 修飾語句（great, much, little, no など）がつく

この形では抽象名詞の前に何かしら修飾語がつくのが普通で，左ページの問題では great や supreme がついていました。今回の英文では the utmost「最大限の」がついて，**be of the utmost importance to ～「～にとって最も重要だ」**となっています。これも当然「重要情報」を示します。

構文解析

「重要」と示す！

User feedback (S) is (V) of the utmost importance (C) (to our product development team) and is used (V) (to guide 〈the design [of future products]〉).

and 以下は be used to ～「～するために使われる」の形です（単なる“受動態 + to 不定詞”）。used to 原形「よく～したものだ，昔は～だった」や be used to -ing「～することに慣れている」とは別モノです。

語句　utmost 形 最大の／ product development 商品開発／ guide 動 導く

CHAPTER 2

28

重要情報を示す(4) — 名詞

mark an important milestone for ～

Opening its first location overseas has **marked an important milestone for** the company.

□ milestone の意味

milestone は本来「1マイル (mile) ごとに目印として置いた石 (stone)」で，そこから「目印」→「(歴史，人生，キャリアなどで目印になるような) **画期的な出来事，節目**」となりました。日本でもビジネスでそのまま「マイルストーン」と使われています。これからの入試では必要な単語です（すでに長文中で下線が引かれて，important や significant を使った選択肢との言い換えが狙われています)。

例 Being promoted to district manager was a **milestone** in her career.
エリアマネージャーへの昇進は，彼女のキャリアにとって重要な節目だった。 ※ be promoted to ～「～に昇進する」／ district「地区」

□ mark an important milestone for ～ をどう考える?

動詞 mark は本来「マーク（印）をつける」の意味です。ここから「示す，目立たせる」，「ある1日にマークをつける」→「記念する，祝う」という意味でも使われます。mark an important milestone for ～ は直訳「～にとって重要な節目をマークする，示す」→**「重要な節目となる」**です。

構文解析

Opening its first location overseas (S) has marked (V) an important milestone (O) [for the company].

「重要」と示す！

important と milestone の意味はやや重複しますが，実際には milestone の直前に「重要」系の語句を加えることはよくあります。た

POINT milestoneという単語は，よく耳にするものの，なんとなくわかるようなわからないような単語ですよね。実はこの単語も「重要」を表すものなのです。

海外で初めての店舗のオープンは，当社にとって重要な節目となった。

028

とえば，a significant milestone in the development of virtual reality「VR 開発における重要な出来事」です。

□ 語彙問題でもズバリ狙われている！

次の英文の空所に入る最も適切な選択肢を選びなさい。
The first day of elementary school, a (　　　　) in a child's life, brings a mix of emotions for parents.
1. hailstone　2. limestone　3. milestone　4. sandstone　（国士舘大）

（解答 3）小学校の初日は，子どもにとって人生の重要な節目であり，親にとってさまざまな思いが交錯する。
1. あられ，ひょう　2. 石灰岩　3. 重要な節目　4. 砂岩

＋α mark は「イコール」を表すこともある

mark an important milestone for ～ はこのままよく使われる表現で，言ってみればこの **mark は「イコール」**の働き（⇒ p.162）です。以下も，「今週の金曜日 = 在庫一掃セールの開始」とイコールで考えればOKです。

例　This Friday **marks** the beginning of our clearance sale.
今週の金曜日から在庫一掃セールが始まります。

語句　location 名 店舗／overseas 副 海外で／mark 動 示す

29

重要情報を示す (5) — about を使った頻出表現
S is all about *A* ／ what S is all about

Learning how not to be controlled by your emotions is **what** meditation **is all about**.

□「本質」を表す about

about の核心となるイメージは「周辺（～の周りに)」です。そこから「約～」や「～について」の意味でよく使われるわけです。

さらに「周辺」が発展して「本質」の意味が生まれます。**S is about *A*** なら，直訳「S は A の周りにある」→「S は A から離れない，S は A を中心にしている」→**「S の重要点は A だ，S の本質は A だ」**となりました。

例　Friendship **is about** accepting others as they are.
友情の本質とは，ありのままの相手を受け入れることだ。
※ as they are「ありのままで」（⇒ p.180）

□ what S is all about「S の本質」

S is about *A* から，A が関係代名詞 what になって先頭に出ると，what S is about になります。これは直訳「S の本質であるもの」→「S の本質，S のすべて」となります。実際には強調の all がくっついて，what S is all about の形でよく使われます。

当然 what S is all about だけだと（ただの名詞節なので）文にはなりません。実際には，***X* is what S is all about「X は S の本質だ」**となります。

構文解析

Learning 〈how not to be controlled (by your emotions)〉 is what meditation is all about.
（S = Learning 〈how not to be controlled (by your emotions)〉, V = is, C = what meditation is all about）「本質」を示す！

Learning ～ is what meditation is all about.「～を学ぶことは，瞑想（めいそう）の本質だ」となります（your は総称用法です）。

POINT かつて東京大でPlaying is what childhood is all about. という英文が出ました。この意味は「遊びとは子ども時代になくてはならないものだ」となるのですが，なぜこうなるのかを解説していきます。

感情によって左右されない方法を知ることが，瞑(めい)想(そう)の本質である。

029

このパターンは「重要だ」という内容なので，当然設問でもよく狙われます。たとえば，東京理科大では長文中で *X* is what S is all about の部分に下線が引かれ，正解の選択肢では fundamental を使って言い換えられました。

※ fundamental も「重要」を表す重要単語でしたね（⇒ p.68）。

＋α It is all about *A*「重要なのは A だ」

元の形の S is all about *A*「S の本質は A だ」の S に it がくることもあります。この it は状況の it（漠然と「世の中」くらいの意味）で，It is all about *A*「（世の中や人生で）重要なのは A だ」となります。

例
Shun：Ai, how come you're so good at golf?
Ai　：**It's all about** concentration, Shun. If you learn to focus, I'm sure you will be more consistent.
シュン：アイ，なんでそんなにゴルフがうまいの？
アイ　：大事なのは集中力ね，シュン。集中力を身につければ，もっと安定すると思うよ。
※ How come ～?「なぜ～？」／ consistent「安定した」

「本質の about」を使った頻出表現

- **基本**：S is all about *A*「S の本質は A だ」　※ all は強調
- **頻出**：what S is all about「S の本質」
- **＋α**：It is all about *A*「重要なのは A だ」

語句　how not to ～ ～しない方法／ emotion 名 感情／ meditation 名 瞑想

CHAPTER 2

30

主張・結論を示す（1）—“名詞 is that ～”の形

Chances are {that} ～

If you work in a big city, **chances are** you have considered the trade-offs between living downtown and commuting from the suburbs.

□ 補語をつくる that が省略される

接続詞 that が，目的語をつくるときに省略できるのは，おそらくみなさんよく知っていますよね。たとえば，I think that ～ の that のことです。

この that が補語をつくるとき，よく使われる表現では省略される場合があります（決まり文句になっているとも考えられます）。たとえば，The fact is that (s)(v).「事実は (s)(v) だ」→「実は (s)(v) だ」という表現では，that が省略された The fact is (s)(v). の形になることもよくあります。

※コンマが入って The fact is, ～ となることもあります。The truth is, ～「実は～」／The problem[trouble] is, ～「困ったことに～だ」なども頻出です。

これと同じ発想で，**Chances are {that} (s)(v).** は「可能性は (s)(v) だ」→**「おそらく (s)(v) だろう」**となるわけです（ここでの chance は「可能性」という意味です）。

※法政大学では Chances are に下線が引かれて，意味が近いものとして It is likely を選ぶ問題が出ました。桜美林大学では Chances are that ≒ Probably が問われました。

構文解析

「おそらく～だろう」と推測を述べる

(If you(s) work(v) (in a big city)), chances(S) are(V) 〈{that(C)} you(s) have considered(v) the trade-offs(o) [between living downtown and commuting from the suburbs]〉.

POINT Chances are ～ という表現が出てきたときに，「チャンス」と思っては意味不明です。実は長文でよく出てくるわりに，受験生が苦手なこの表現をマスターしていきましょう。

もし大都市で働いているなら，町の中心部に住むことと郊外から通勤することの兼ね合い（良し悪し）について考えたことがあるだろう。

030

＋α 「結論」を示す表現を一気にチェック！

The bottom line is {that} ～「結論としては～だ」という表現でも，同様に that は省略可能です。bottom は「底」で，報告書の一番下に合計金額や結論がくることから，「最後の結論としては」となりました。

例 **The bottom line is** money is important.
結論として，お金は大事ということなんだ。

「結論」を示す重要表現

- **The bottom line is {that} ～「結論としては～だ」**
- **The point is {that} ～「要するに～だ」**
- **The thing is {that} ～「要するに～だ，実は」**
- **boil down to ～「(核心など)にたどり着く，つまるところ～だ」** ※動詞
- **that is to say「つまり，すなわち」**
- **in short ／ in brief ／ in a word ／ to sum up ／ to make a long story short「要するに」**
- **{to put it} in a nutshell「簡単に言うと，要するに」**

※直訳は「ナッツの殻（a nutshell）の中に（in）それを置く（put it)」で，小さな場所に詰めてまとめるイメージ

語句 trade-off 名 トレードオフ，交換条件，兼ね合い／
downtown 副 町の中心部に，繁華街に　※ uptown「山の手に，住宅地区に」は「高級住宅地が坂を上ったところにある」イメージで，その対義語が downtown ／
commute 動 通勤する／ suburb 名（通例 the suburbs で）郊外

CHAPTER 2

31

主張・結論を示す (2) — There is 構文の形

That's all there is to it.

An easy and effective way to build your child's self-esteem is simply to play with them and spend time with them. This shows them that you value them. And **that's all there is to it**.

□ That's all there is to it. を解明する

That's all there is to it.「それだけの話だ」を文構造から理解していきましょう。まず，関係代名詞 that が省略されているところがポイントです。

That's(S) all(V) [{that} there is (to it)](C).

all が先行詞で，そのあとが There is 構文になっています。直訳「それに対して（to it）存在する（there is）のは，そのことがすべてだ（That's all）」→「それについてはそれがすべてだ」→**「ただそれだけの話だ」**となるわけです。「もうそれ以上の説明はない」というニュアンスでよく使われます。

※このように，all は限界点が強調されて「～だけ」となることがよくあります。たとえば，This is all. なら「これがすべて（もうこれ以上はない）」→「これだけ」です。また，All (s) have to do is {to} 原形 は「(s) がしなければいけないすべてのことは～だ」→「(s) は～しさえすればよい」です。

□「話を締める」ときによく使われる

今回は「子どもの自尊心を高める方法」を説明して，最後に And that's all there is to it.「ただそれだけの話だ」と終えています。

※文末の to it を省略したり，it を明示して，That's all there is to this story.「それだけの話だ」となることもあります。さらに，否定文 That's not all there is to the story.「話はそれだけではない」もあり，一般論のあとでよく使われます。

POINT 筆者がいろいろと説明した最後に，That's all there is to it. と締めくくることがあります。単語は簡単なのに，何を言っているのかわからないですよね。今回は，実はよく使われるこの表現をマスターしていきます。

子どもの自尊心を高める簡単で効果的な方法は，単に子どもと遊び，一緒に時間を過ごすことです。これによって，あなたが子どもを大切にしていることが伝わります。ただそれだけの話なのです。

031

構文解析

An easy and effective way [to build your child's self-esteem] (S) is (V) simply to play (with them) and spend time (with them) (C). This (S) shows (V) them (O) 〈that (O) you (s) value (v) them (o)〉. And that's (S V) all (C) [{that} there is (to it)].

話を締めくくる！

2文目は show 人 物「人 に 物 を見せる」の形で，This shows them that ～「これは彼ら（子どもたち）に～を示す」→「これによって子どもに～が伝わる」と訳すと自然です。

□ 手順の説明でも使われる

手順を説明して，「これで終わり」と示す際にも使われます。「たったこれだけ，簡単だよ」といった感じです。実際，関西学院大ではこの表現に下線が引かれて，言い換えとして it is that easy という選択肢が正解になったこともあります（この that は副詞「それほど，あのくらい」)。

To set the security alarm, first close the door. Next slide your security card in this slot. The door will lock automatically. **That's all there is to it.**
(外出時の)セキュリティアラームを設定するには，まずドアを閉めてください。そしてセキュリティカードをこの溝にスライドしてください。(すると)ドアが自動的に施錠されます。たったこれだけです。※ slot「溝」

語句　self-esteem 名 自尊心，自己肯定感／ value 動 大切にする

32

結論をぼかす — あいまいに締めくくる

Whether ～ or not remains to be seen.

While people have gotten used to living with COVID, **whether** travel activity will ever return to pre-pandemic levels **or not remains to be seen**.

□ 否定表現で「結論をぼかす」

remain to be *p.p.* は，直訳「これから～される（to be *p.p.*）まま残っている（remain）」→**「まだ～されていない」**です。たとえば「その本はこれから読まれる状態で残っている」とは，「まだ読まれていない」ということです。

※ to 不定詞は「未来志向（これから～する）」のニュアンスがあります。

remain to be seen なら「まだ見られていない，理解されていない」→**「まだわからない」**という意味です。長文の最後でこれを使うことで，**「まだ結論はわかっていない」と締める**ことがよくあるのです。

以前の入試では，結論をハッキリ出すことが多かったのですが，最近の入試は新聞やニュースの内容も多く，ハッキリと結論を出すことのほうが難しいものばかりです。そんなときにこの表現が活躍するのです。

※内容一致問題で，筆者の考えが問われることもよくあります。本文に remain to be seen があったら「筆者は結論を出せていない」と意識してください。

構文解析

(While people(s) have gotten used to(v) living with COVID(o)), 〈whether(S) travel activity(s) will ever return(v) (to pre-pandemic levels) or not〉 remains to be seen(V).

結論をぼかす

全体は While (s)(v), SV.「(s)(v) する一方で SV する」の形です。主節の主語は whether ～ or not「～するかどうか」で，whether ～ or not

POINT 英文法の「否定」という単元では remain to be *p.p.* が出てくるのですが，実はこの表現，長文で大事な使い方があるのです。筆者がどんなときに使うのかを意識して英文を読んでみましょう。

人々は（新型）コロナウイルス感染症との共存に慣れてきたが，果たして旅行の活動がパンデミック前の水準に戻るかどうかはまだわからない。

032

remains to be seen.「～するかどうかはまだわからない」という形になっています。

□ コロナ関連の英文でチェック

コロナに関する英文はすでにたくさん出題されています。あまり問題集で見かけないでしょうから，今回の英文が入った文章で確認しておきましょう。

The COVID-19 pandemic has caused millions of deaths and unprecedented economic impact. The travel sector has been one of the hardest hit, with international travel activity falling by nearly 75 percent. While people have gotten used to living with COVID, **whether** travel activity will ever return to pre-pandemic levels **or not remains to be seen**.

新型コロナウイルス感染症のパンデミックは，数百万人の死者を生み出し，前例のない経済的影響を及ぼしている。旅行業界は最大級に打撃を受け，海外旅行の活動は75％近く減少している。（略）

※ unprecedented「前例のない」／sector「業界，部門」／be hard hit「ひどく打撃を受ける」（この hit は過去分詞）／fall「減少する」／nearly「ほぼ，～近く」／2文目の後半は with OC「O が C で」の形

語句　get used to -ing ～するのに慣れる／pre-pandemic 形 パンデミック前の

CHAPTER 2

CHAPTER 2 33

具体例の発見（1）― 固有名詞
文章中の「固有名詞」

Climate change affects different countries differently. In **Afghanistan**, a decrease in rainfall has caused droughts. In **Bangladesh**, on the other hand, rising sea levels have caused coastal flooding.

□ 固有名詞は「具体例」の合図！

英文は「主張→具体例」の流れが基本ですが，実際の英文，特に難しい英文になるほど，「ここから具体例が始まりますよ」と仰々しく示す for example は使われない傾向にあります。

その際に具体例のサインになる代表格が**「固有名詞」**です。**「文章中で固有名詞が出てきたら，その文（固有名詞を含む文）から具体例が始まる」**のです。

※固有名詞を含む文の先頭に「見えない For example がある」と考えてもいいでしょう。

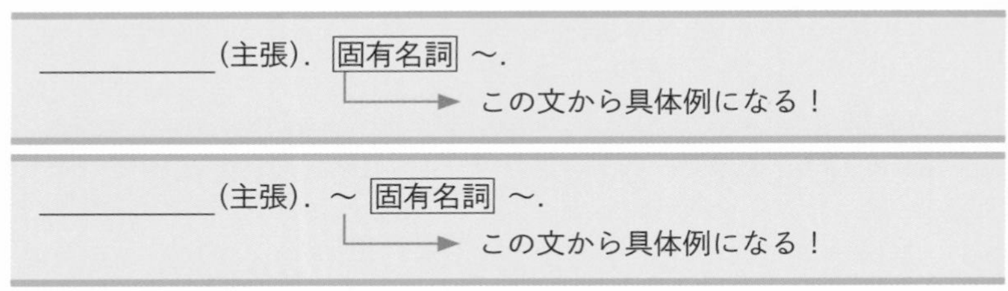

「文章中」とは「２文目以降」ということです。固有名詞自体は英文のどこにあっても（文頭・文中どこでも）OK です。固有名詞を含んだ「その文」からが具体例となります。

※長文の「１文目にいきなり固有名詞がある」ときはこのルールは使えません。それはその前（入試の英文が抜粋される前の元の英文）に対する具体例か，単なる説明文や伝記など（固有名詞についていろいろと語る英文）だからです。

POINT 長文の対策では「for example の後ろは具体例」とよく言われますが，実際の英文ではわざわざ for example が使われないことも多いです。その場合に，どうやって具体例を発見するのかを解説していきます。

気候変動が及ぼす影響は国によって異なる。アフガニスタンでは，降水量の減少により干ばつが生じている。一方，バングラデシュでは，海面上昇により沿岸部で洪水が発生している。

033

□「主張→具体例」の流れを把握する

今回は1文目で「気候変動の影響は国ごとに異なる」と主張したあとで，2文目では Afghanistan，3文目では Bangladesh という固有名詞で「具体例」を挙げています。「国によって気候変動の影響がどのように異なるのか？」を具体的に説明しているわけです。

構文解析

固有名詞 → ここから具体例！

Climate change (S) affects (V) different countries (O) differently. (In Afghanistan), a decrease [in rainfall] (S) has caused (V) droughts (O). (In Bangladesh), (on the other hand), rising sea levels (S) have caused (V) coastal flooding (O).

固有名詞 → これも具体例！

1文目は直訳「気候変動はさまざまな国にさまざまな影響を与えている」→「気候変動が及ぼす影響は国によって異なる」と考えると自然です。

※ちなみに，The way in which climate change affects different countries varies from place to place. でもほぼ同じ意味になります。vary from place to place「場所によって異なる」もよく使われる表現です。

また，2，3文目はともに“原因 cause 結果”の関係です（⇒ p.147）。

語句 rainfall 名 降雨量／drought 名 干ばつ／sea levels 海面／coastal 形 沿岸部の／flooding 名 洪水，氾濫（はんらん）

具体例の発見 (2) — If

文章中のIf ～

To be an effective team player, communication is key. **If** you are having difficulty performing your tasks, it is essential that you share this information with your team.

□ If も「具体例」の合図になる！

固有名詞は具体例を見つけ出す目印になりましたが，If にもその働きがあります。**「文章中に If が出てきたら，その文から具体例が始まる」**のです。何かを主張したあとで，「たとえばもしこういう状況になったとしたら」という感じで If を使うわけです。

「文章中」とは「(固有名詞のときと同じく) 2 文目以降で」ということです。また，固有名詞はその文の中なら（先頭・文中）どこにあっても OK でしたが，If の場合は必ず文頭にくるので，大文字を使って If と表記しました (文頭に Today などの副詞（句）がくることも稀(まれ)にありますが)。

＿＿＿＿＿＿(主張). If ～.
　→ この文から具体例になる！

□ If を見たら，その前は「主張」，If からが「具体例」

今回は 1 文目で「コミュニケーションが大事」と主張しています。そして，2 文目の If ～ が「どのようにコミュニケーションが大事なのか」という具体例になっているわけです。ここから，1 文目が主張だと考えられます。

※ 1 文目の key，2 文目の essential は「重要」を示す単語です（⇒ p.68）。

POINT ifという単語を知らない受験生はいませんが，長文中でifの「役割」を知っている受験生も（おそらく）いません。実はifにもfor exampleを使わずに具体例を挙げることができる重要な役割があるのです。

効果的なチームプレーヤー（チームの一員として協調する人）になるためには，コミュニケーションが非常に大事です。自分の仕事をうまく実行できない場合は，その情報をチームと共有することが極めて重要なのです。

034

構文解析

「重要」という単語！　If → ここから具体例！

(To be an effective team player), communication(S) is(V) key(C). (If you(s) are(v) having difficulty(o) performing your tasks), it(仮S) is(V) essential(C) 〈 that(真S) you(s) share(v) this information(o) (with your team)〉.

さらにこのあとに，If a team member is performing well, acknowledge their effort.「チームメンバーが良いパフォーマンスを発揮していれば，その努力を認めてあげてください」と具体例を加えることもできます。1文目が主張，2文目は「仕事がうまくいかない場合」の具体例，3文目は「うまくいっている場合」の具体例になるわけです。

補足 Ifのルールは柔軟に

Ifの場合，大半は具体例になるのですが，たまに具体例というよりもちょっとした補足で「(たとえば) もし〜の場合は」という感じになることもあります。たとえば，何かルールを説明したあとに，If you need help, ask someone in your school.「もし助けが必要ならば，学校の誰かに聞くようにしなさい」と補足する感じです。難しく考える必要はなく，Ifを見たら「たとえば」と補ってみて，微妙に合わないと思えばスルーすればいいだけです。いずれにせよ**「Ifから始まる文は前の内容をさらに説明する」**と考えることができます。

※一応，あとでこの補足のパターンも出てきます（⇒ p.223）。

具体例の発見 (3) ― A + 名詞

文章中の"A + 名詞 ～"

Some animals have developed the ability to communicate over vast distances. **A humpback whale** singing in the Caribbean can be heard more than 6,000 kilometers away by whales off the coast of Ireland.

□ A の意外な役割

具体例を発見する３つ目のパターンは "A + 名詞" です。固有名詞や If と同じく，文章中で **"A + 名詞"** で始まる文を見つけたら，**そこから具体例が始まる**と考えてください。主張を述べたあとに，"A + 名詞" を使って「たとえば１つ，とある名詞があるとします。それは～」といった感じで，具体的な説明をしていくのです。

__________ (主張). A + 名詞 ～.
→ この文から具体例になる！

※ A は先頭にくることがほとんどなので大文字で示しています。ときに，"副詞, a 名詞 ～" の形もあります。また，たまに具体例にならない場合もありますが，そのときは明らかに前の内容と違うので，すぐに気づけます。

たまたま熟語（A little や A lot of など）で始まるときも具体例にならないケースがありますが，まずは「たとえば」と考えてみてください。英文の意味がハッキリわかるケースがほとんどですよ。

□ "A + 名詞" を見て「具体例」だと考える！

１文目で「遠くまでコミュニケーションをとれる動物もいる」と主張した上で，２文目では "A + 名詞" の形でその具体例を挙げています。

POINT 今まで一度も意識しなかったでしょうし，意識するように指導されたこともないでしょうが，“A + 名詞”で始まる文も具体例になるのです。ちなみに humpback whale は「ザトウクジラ」です。

動物の中には，かなり遠く離れた場所でコミュニケーションをとる能力を発達させたものもいる。カリブ海で歌う（音を出す）ザトウクジラは，6,000 キロメートル以上離れたアイルランド沖のクジラに聞こえている。

035

構文解析

Some animals (S) have developed (V) the ability (O) [to communicate (over vast distances)]. A humpback whale [singing (in the Caribbean)] (S) can be heard (V) (more than 6,000 kilometers away) (by whales [off the coast of Ireland]).

“A + 名詞”→ ここから具体例！

CHAPTER 2

□「数字」も具体例の合図になる！

今回は“A + 名詞”だけでなく，「固有名詞（Caribbean や Ireland）」も具体例のヒントになりますね。さらに「数字（6,000）」も使われています。文章中で**数字を用いた文**を見つけたら，**そこから「具体例」**が始まることが多いのです。日本語でも，何かを主張したあとで「たとえば 2024 年には」のように，具体的な数字を挙げることはよくありますよね。

__________（主張）．～ 数字 ～．
→ この文から具体例になる！

※数字そのものは文頭とは限りません（固有名詞と同じで，文中でも OK）。

語句　vast 形 かなりの／ humpback whale ザトウクジラ ※無理に覚える必要はなく，whale とわかれば十分です。／ off the coast of ～ ～沖の

具体例の発見 (4) — 命令文など
文章中の「命令文」

> Online security is constantly evolving. **Consider** passwords: In the past, users could select anything as a password, but now passwords have a minimum length, and must contain numbers, letters, and other symbols.

□ 命令文は「具体例」の合図になる

会話でばかり使いそうなイメージがある命令文ですが，実は入試の英文（しかもお堅い内容の英文）でもよく使われます。文章中で**「命令文」**を見つけたら，**そこから具体例が始まる**と考えてください。

＿＿＿＿＿＿（主張）. 命令文.
└──▶ この文から具体例になる！

何かを主張したあとで,「たとえばこんな場合を考えてみてください」という感じです。特に，以下のような思考系の動詞が使われます。

具体例の合図になる「命令文」で使われる動詞
- 「考えてみて」Think ／ Consider ／ Suppose
- 「想像してみて」Imagine

※命令文は動詞で始まるので大文字で表記しています。

□ 命令文 Consider ～ から具体例！

今回は1文目で「オンライン・セキュリティは常に進化している」と主張したあとで，Consider から命令文になっています。「進化しているオンライン・セキュリティ」の具体例として「パスワード」を挙げているのです。

POINT ここまでに固有名詞，If，“A＋名詞”という，いたって何気ないものが大事な役割を果たすことを学びました。その最後となるのが「命令文」です。これまた普通の文法ですが，長文で大活躍しますよ。

オンライン・セキュリティは常に進化している。パスワードを例に考えてみよう。以前は，ユーザーはパスワードとして何でも選ぶことができたが，今ではパスワードには最低限の長さがあり，数字，文字，その他の記号を含む必要がある。

036

構文解析

命令文 → ここから具体例！

Online security (S) is (V) (constantly) evolving (V). Consider (V) passwords (O): (In the past), users (S) could select (V) anything (O) (as a password), but now passwords (S) have (V) a minimum length (O), and must contain (V) numbers, letters, and other symbols (O).

過去と現在の対比

Consider passwords: の後ろは「過去と現在の対比（In the past, ～, but now ...）」です（⇒ p.20）。この過去から今までの変化を evolve で表しています。

ちなみに，but 以降にある 2 つの and ですが，1 つ目は V（have と must contain）を，2 つ目は contain の目的語（numbers, letters, other symbols）を結んでいます（この letter は「文字」の意味）。

＋α {Let's} say も「具体例」を挙げる役割

Let's say ～.「たとえば～と言ってみよう」→「たとえば～」という用法もあります（say だけでもよく使われます）。

例 **Let's say** you start a part-time job next year. Will you be able to keep your grades up?
たとえば来年アルバイトを始めたとしよう。成績を維持できるの？

CHAPTER 2

37

反復表現（1）— even

Even ～

Parents are responsible for their children's well-being no matter what difficulties they may be experiencing. **Even** a parent who is in bed with pneumonia must continue to look after their children.

□ even は「反復の目印」

even には**「反復の目印」**という超重要な役割があります。even を見たら，「その文（even を含む文）は前の内容と同じ」と考えればいいのです。この発想を日本語で証明してみましょう。

> 問：（　　　　）に入る日本語を補いなさい。
> 「大人ならそれができる。子どもでさえ（　　　　）」

空欄に入るのは「（それが）できる」ですよね。「でさえ（even）」のあとに同じ内容がきているわけです。

※厳密に言えば，even は（完全に同じではなく）「大げさに反復」します。「オーバーに言えば，子どもだってそれができる」ということです。

□ even に注目して推測する

今回は1文目に「どんな困難な状況でも子どもの健康に責任を持つ」とあり，2文目が Even から始まり，「寝込んでも子どもの世話をすべき」と**似た内容が（オーバーに）反復**されているわけです。

構文解析

Parents (S) are responsible for (V) their children's well-being (O) (no matter what difficulties they (s) may be experiencing (v) ϕ). Even a parent [who is in bed with pneumonia] (S) must continue to look after (V) their children (O).

Even → 似た内容が反復されると考える！

POINT even「〜でさえ」の意味は受験生には常識ですが，長文を読むときに使いこなせている受験生はほとんどいません。実は even に注目すれば，意味がわからないところも推測できることがあるのです。

どんな困難な状況でも，親は子どもの健康に責任を持つものです。たとえ親が肺炎で寝込んでいたとしても，子どもの面倒を見続けなければなりません。

037

pneumonia「肺炎」など知らない単語があっても，even に注目して「どうせ 1 文目と似た内容になるはず」と推測すればいいのです（厳密には even で「より極端な状況」を挙げているわけですが）。

※ pneumonia「肺炎」は難関大の入試では大事なので，この機会にチェックを。

ちなみに，1 文目の後半は no matter what 名詞 (s)(v)「どんな〜名詞を(s)(v) しても」の形で，no matter what difficulties they may be experiencing「親はどんな困難な状況を経験していても」です。

※この they は「親」のことです。代名詞は「同じ格」を第一候補にするのが原則で，今回の they は「主語」なので，近くの主語 Parents を第一候補だと考えれば OK です（文意も通ります）。

補足 すべての even が反復の目印になるわけではない

even には「反復」の役割以外に，「単なる強調」「even if 〜（たとえ〜でも）」「比較級の強調」など，文法的な役割をしたり，反復ではあるものの「小さな反復（文の内容ではなく，直前の語句を言い換える程度の反復）」もあります。とはいえ，そんなことを覚える必要も心配する必要もなく，even を見たら「まずは反復」と考えて，明らかに違うときは「そういうときもあるんだな」と流してください。

※過去の生徒で，これで困ったという人はいませんのでご安心を。

語句　be responsible for 〜 〜に責任を持つ／ well-being 名 健康，幸福／ pneumonia 名 肺炎

38

反復表現 (2) — comparable

A is comparable to *B* in ～

Orangutans **are comparable to** humans **in** weight but are shorter and have longer arms and shorter legs.

□ 大事な「反復表現」

like「～のような」や similar「似ている」は簡単ですが，英文を読むときは「同じような内容がくるんだな」と**「反復」を意識**してみましょう。

重要な反復表現

like「～のような，～と同じように」／**similar**，**comparable**「似ている」／**similarly**「同様に」／**parallel**「似ている，並列の／類似(点)」／**analogy**「類似性，比喩，類推」／**just as ～**「ちょうど～のように」／**as if ～**，**as though ～**「まるで～のように」／**a kind of ～**，**a sort of ～**「一種の～」

注意が必要なのが comparable です。確かに辞書や単語帳には「匹敵する」と書かれていますが，実際の英文では**「似ている，ほとんど同じ」**と考えたほうが圧倒的に理解しやすくなります。

今回の英文では ***A* is comparable to *B* in ～** の形で，直訳「A は～において（in ～）B に似ている」→**「A は B と～が似ている」**となります。

※ in は「範囲，分野（～において）」を表します。

構文解析

「似ている」と考えればOK

Orangutans [S] are comparable to [V] humans [O] (in weight) but are [V] shorter [C] and have [V] longer arms [O] and shorter legs.

POINT comparableの意味を問われると，単語帳にしっかり取り組んだ受験生ほど「匹敵する」と答えます。それも正しいのですが，実際の長文ではちょっと対処しにくいので，もっと役立つ発想を解説していきます。

オランウータンは人と体重は同じくらいだが，人より背は低い。また，人より腕は長く，足は短い。

038

前半ではbe comparable to ～を使って「似ている点（体重）」を，後半のbut以下では「異なる点（身長，腕と足の長さ）」を説明していますね。

また，比較級shorter，longerが使われていますが，ここでは「人より（人の腕より，人の足より）」という比較対象が省略されていると考えればOKです（その前にhumansがある以上，言わなくてもわかるので省略されています）。

CHAPTER 2

□ comparableは得点に直結する！

中央大では長文中のcomparableに下線が引かれて，似た意味のsimilarを選ぶ問題が出ました（東京理科大でもcomparable ≒ similarが出題済み）。また，慶應大でcomparable ≒ equalが，関西学院大でbe comparable to ～≒ be as good as ～が出題されるなど，「似ている」と押さえるメリットは数えきれません。以下のように単独の語彙問題でも出るほどです。

次の英文の空所に入る最も適切な選択肢を選びなさい。
The state of Nevada has a (　　　　) population to that of Taipei.
1. comparable　2. comparative　3. compatible　4. competent

（学習院大・改）

（解答 1）ネバダ州は，台北と同じくらいの人口を有している。
1. 似た　2. 比較の　3. 相性が良い，互換性のある　4. 有能な

39

反復表現 (3) — follow suit

follow suit

Once the airline raised its prices for all domestic flights to cover increased fuel costs, its competitors quickly **followed suit**.

□ 難しい熟語 follow suit

follow suit「先例に倣(なら)う」は，**「前と同じ内容を真似して繰り返す」反復表現**です。suit には「(トランプの) 持ち札」という意味があり，follow suit で「(トランプで) 前に出た札と同じ種類の札を出す」となります。そこから「前の人と同じ行動をする」→**「先例に倣う，あとに続く，同じことをする」**と使われるのです。

※英英辞典ではハッキリと do the same thing と説明されることもあります。

構文解析

([Once] the airline(s) raised(v) its prices(o) [for all domestic flights] (to cover increased fuel costs)), its competitors(S) quickly followed suit(V). ← 反復表現！

英文全体は Once (s)(v), SV.「いったん (s)(v) すると SV する，(s)(v) するとすぐに SV する」の形です。Once 節の「国内線全便を値上げした」という内容を受けて，follow suit で「同じように値上げした」ことを表しているわけです。

□ 実際の出題例を確認

次の会話について，最も ふさわしい答えを 1 ～ 4 の中から 1 つ選びなさい。

Ken：What are you going to wear for tonight's party?

Joshua：Haven't decided yet, but your outfit looks alright. Maybe I'll follow suit.

POINT follow suit「先例に倣(なら)う」という表現自体，あまり知られていませんが，みなさんは意味だけでなく「役割」も意識してください。マスターしてしまえば頼もしい武器になりますよ。

その航空会社が燃料費の高騰を補うために国内線全便を値上げすると，競合他社もすぐにそれに追随した。

039

問：What does Joshua mean?

1. He'll probably dress down. 2. He'll probably dress up.
3. He may wear a suit. 4. He may wear the same thing as Ken.

（東洋英和女学院大・改）

（解答 4）

ケン：今夜のパーティーはどんな服装で行くつもり？

ジョシュア：まだ決めてないんだけど，君の服装は良さそうだね。僕もそうしようかな。

問：ジョシュアは何を意図しているか？

1. 彼はおそらく普段着にするだろう。 2. 彼はおそらく正装するだろう。
3. 彼はスーツを着るかもしれない。 4. 彼はケンと同じものを着るかもしれない。

※ここでの follow suit は「ケンと同じ服装をする」ことなので，4 が正解／ジョシュアの 1 文目は {I} haven't decided yet, ～ のこと／ outfit「服装」

＋α as with ～「～と同じように」も反復表現

As with ordinary glasses, contact lenses can correct not only near-sightedness and far-sightedness, but astigmatism as well.
通常のメガネと同様に，コンタクトレンズは，近視や遠視だけでなく乱視も矯正することができる。

※ near-sightedness「近視」／ far-sightedness「遠視」／ astigmatism「乱視」

語句 cover 動 補う／ increased 形 増加した，高騰した／ competitor 名 競合他社

CHAPTER 2

40

構文反復 ―「同じ形」に注目する
SV 人 to ～. SV 人 to ～

As a career counselor, **Dr. Ingram encourages students to** make a list of wants and must-haves. **She wants them to** decide what characteristics they are looking for in a job.

□「同じ形」なら「同じ意味」だと考える

英語では，同じ単語を何度も使うことを避ける傾向があります（高尚な文になればなるほど）。しかしその反面，英文の「形・構造」は同じものを続けることがよくあるのです。**「同じ“形”を繰り返す→似たことを羅列・言い換える」**手法で，その同じ形が続く限り，内容もほぼほぼ同じと考えてOKなのです。この発想を利用すれば，長文中で知らない語句が出てきても（もっと言えば1文丸ごとわからなくても），**「形が同じ→意味も同じ」**と判断できるのです。

構文解析

(As a career counselor), Dr. Ingram (S) encourages (V) students (O) to make (C) 〈a list of wants and must-haves〉. She (S) wants (V) them (O) to decide (C) 〈what characteristics they are looking for (in a job)〉.

今回は1文目と2文目がそっくりな構造になっています。Dr. Ingram → She, encourage 人 to ～ → want 人 to ～ (students → them), to make a list of wants and must-haves → to decide what characteristics they are looking for in a job と対応しているわけです。

※どの程度同じ形をとるのかはその都度変わるため，明確にパターン化はできないのですが（今回は“SV 人 to ～”が続くパターンで，見出しもそれに合わせました），意識して確認していけば，必ず自力で気づけるようになります。

POINT 長文の説明で「これはこの単語の言い換えです」と言われることがよくありますが，「どうやって言い換えに気づくのか？」が大事であり，ここではそのコツを１つ，解説していきます。

キャリアカウンセラーとして，イングラム博士は，学生に望ましい条件と譲れない条件のリストを作ることを勧めている。自分が仕事においてどんな特徴を求めているかを決めてほしいと思っているのだ。

040

１文目の wants は名詞「望ましい条件」，must-haves も名詞で「譲れない条件，必須条件」ですが，この意味がわからなくても，対応した英文と似た意味になると考えれば「仕事で求めている特徴」だと推測できるのです。

□ 具体物や行動が羅列されていたら「具体例」

構文反復は「意味が同じになる」のですが，必ずしも「主張」とは限らず，「具体例が列挙される」ときにもよく使われます。特に英文中で具体物や行動が複数羅列されていたら「具体例」の可能性が高いです。

例 Ancient people improved their quality of life through the domestication of a number of different animal species. **Goats, sheep, and cows** were kept for their meat and milk, and **oxen and horses** were used for transportation and to help with plowing.

古代の人々は，さまざまな動物を家畜化することで，生活の質を向上させた。ヤギ，ヒツジ，雌牛は肉やミルクのために飼われ，雄牛や馬は移動手段としてや耕作を助けるために使われた。

※ domestication「家畜化」／ oxen「ox（雄牛）の複数形」／ plowing「耕作」

語句 encourage 人 to ～ 人に～するよう勧める／ characteristic 名 特徴

CHAPTER 2

41

疑問文の役割（1）— テーマの提示
いきなり出てくる疑問文

How much sleep do we really need? A group of researchers set out to answer this question by assigning participants to sleep four, six or eight hours per night.

□ 疑問文には大事な役割がある

長文で使われる疑問文には「テーマの提示」か「反語（強い主張）」という大切な役割があります。疑問文が出てくる位置によって，以下のように考えてみてください。

疑問文の位置と役割

(1) **「段落の頭」**に疑問文がある →**「テーマの提示」**

(2) **「文章の最後」**に疑問文がある →**「反語」**（強い主張になる）が多い

※最近は「一体どうなるのだろうか？」という疑問のパターンも増えつつある

(3) **その他**：「英文の途中」など →「テーマ」か「反語」かは文脈判断

特に「テーマの提示」は最重要です。書き手は「これから話すことについてどう思いますか？」と読み手に疑問を投げかけてテーマを示します（ただ「テーマはこれです」というより，読み手を巻き込むことで文章にメリハリをつける)。このように疑問文には，**その文章全体（もしくは文章の途中まで）の「お題」を提供する**働きがあるのです。

そもそもテーマに関する内容は間違いなく設問で問われるので，ここを意識するかどうかで，長文問題全体の出来に関わってくるとも言えるのです。

※共通テストによく出る「広告，宣伝」でも疑問文は多用されますが，それは後ほど扱います（⇒ p.196）。

POINT まさか入試の長文で疑問文が重要だとは思わなかったかもしれませんが，疑問文には大事な役割があります。せっかく筆者が問いかけてくれているので，それに応えるつもりで読み進めましょう。

私たちには，本当はどれくらいの睡眠時間が必要なのでしょうか？　研究者グループは参加者に一晩あたり4時間，6時間または8時間眠らせることで，この疑問に答えようとしました。

041

出だしで勝負を決めよう

構文解析

テーマの提示

How much sleep (O) do we (S) really need (V)? A group of researchers (S) set out to answer (V) this question (O) (by assigning participants to sleep four, six or eight hours per night).

"this + 名詞" でまとめ

今回は1文目 How much sleep do we really need? でテーマを提示し，2文目でこのテーマに関する研究内容が説明されています。

※ちなみに2文目は "this + 名詞" の形で，1文目の疑問文の内容をまとめています（"this + 名詞" は⇒ p.168）。by 以下は assign 人 to ～「人に～するよう選ぶ，命じる」の形です。

実際の長文ではこれ以降で研究内容や研究結果がより詳しく説明され，最後に以下のような英文が続き，最初に示したテーマに応える（結論を示す）のが典型的なパターンです。

The researchers concluded that in order to preserve brain function most people need eight hours of sleep per night.
研究者は，脳の機能を維持するためには，ほとんどの人が1日8時間の睡眠が必要であると結論づけました。

語句　set out to ～ ～しようと試みる，～し始める／per 前 ～につき

42

疑問文の役割（2）― 修辞疑問文
最後に出てくる疑問文

Over 75 percent of plastic waste ends up in landfills, with not even 10 percent being transformed into new plastic products. **So why should people bother to recycle plastic?**

□「反語」で強く主張する

形は疑問文でも，実際には疑問とは思えない文があります。「～なの？」→「いや，そんなことはない！」というパターンで，これを専門的には**修辞疑問文**と言います（古文の授業で習う**「反語」**だと考えて OK）。

例 **Who knows?**　一体，誰がわかるというのだろうか？
※「いや，誰にもわからない」というのが本音

もし和訳問題で出た場合は，修辞疑問文だと自信があれば「～でない」と意訳して OK ですが，基本的には「強い疑問文（一体～なのであろうか）」としておくのが無難です。「テーマの提示」と「反語（強い主張）」の判別は，最終的には文脈次第です。文章の最後に使われる疑問文は修辞疑問文になることが多いですが，最近は「一体どうなるのだろうか」という，純粋な疑問文（疑念）のパターンも増えつつあります。その場合は, Whether ～ or not remains to be seen. という形がよく使われます（⇒ p.80）。

□ Why should ～? を読み取る

今回の１文目では「プラスチック廃棄物は埋め立て処分されている／新たなプラスチック製品になるのは 10% 未満」という意外な情報を伝えた上で，２文目の疑問文につながっています。これは修辞疑問文と考え，直訳「なぜ人々はプラスチックをリサイクルすべきなのか」→「いや，リサイクルする必要はない」という主張だとみなせば意味が自然に通ります。

POINT 長文に出てくる疑問文は，その大半が「テーマの提示」の役割をするのですが，それだけに他の役割を見落としがちです。疑問文の形をとりながらも，実際には「主張」を表すパターンを解説していきます。

75％以上のプラスチック廃棄物が埋め立て処分されており，新しいプラスチック製品に生まれ変わるのは10%にも満たない。では，一体なぜ人々はわざわざプラスチックをリサイクルする必要があるというのだろうか？

042

構文解析

Over 75 percent of plastic waste (S) ends up (V) (in landfills), (with not even 10 percent (O) being transformed into new plastic products (C)).

So why should people (S) bother to recycle (V) plastic (O)? 反語（主張）！

※ with OC「O が C のままで」は今回のように, SV, with OC. の形では「SV だ。そして O が C だ」と訳すと自然になります。

＋α 形からの修辞疑問文のヒント

助動詞がある

- How can[could] ～?「一体どのように～できるというのだろうか（できない！）」 ※ちなみに漢文でも「疑問詞＋可・能」はよく反語になる
- Why should ～?「一体なぜ～すべきだというのだろうか（すべきじゃない！）」 ※今回も Why should ～? の形で修辞疑問文になっていましたね。

追加，強調語句

How else ～?「他に一体どのように～するのだろうか(これしかない！)」
※他に，on earth，in the world などの強調（どちらも「一体」と訳せる）

語句 waste 名 廃棄物／ end up in ～ 最終的に～に行き着く／
landfill 名 埋め立て地，廃棄場／ bother to ～ わざわざ～する

1　次の英文を日本語に訳しなさい。

Scientists disagree over whether it was in fact humans, rather than early climate change, that killed off mammoths, giant sloths, and other megafauna. （慶應大・改）

※ giant sloth「オオナマケモノ，メガテリウム」（約500万～1万年前ごろ，南アメリカ大陸に生息していた巨大なナマケモノの近縁属）／ megafauna「大型動物類」

2　次の英文を読んで問いに答えなさい。

That said, it doesn't matter how successful or unsuccessful you are right now. What matters is whether your habits are putting you on the path toward success. You should be concerned with your current path. If you're a millionaire but you spend more than you earn each month, then you're on a bad course. If your spending habits don't change, it's not going to end well. In contrast, if you're broke, but you save a little bit every month, then you're on the path toward financial freedom — even if you're moving slower than you'd like. （関西学院大）

問　Why does the author suggest that it doesn't matter whether or not we are successful right now?

1. Because what we are currently focusing on won't affect our eventual future self.
2. Because the current situation, by necessity, always determines our future.
3. Because the current situation is entirely determined by the products and conditions of our previous experiences.
4. Because what we are doing for the future is more important than our current status.

3　次の英文の下線部を日本語に訳しなさい。

<u>Some people think that language is all about communicating information. Nothing could be further from the truth</u>: another important role of language is to build relationships. One type of communication that is almost exclusively about establishing and maintaining relationships is small talk. That means small talk is much more than the exchange of simple phrases it may seem. It's actually an important form of social glue. （学習院大・改）

解答・解説

※解答は p.104 の下にあります。

1　19 強調構文を見抜く (1) — 基本形 (⇒ p.54)
21 強調構文を見抜く (3) — 頻出形② (⇒ p.58)

全体は Scientists disagree over whether ～「～かどうかについて，科学者たちの意見は一致していない」で，その後ろに It was in fact *B*, rather than *A*, that ～「～なのは，実は A というよりむしろ実際には B だ」という強調構文がきています。It is *B* rather than *A* that ～「～なのは，実は A というよりむしろ B だ」, It is in fact *B* that ～「～なのは，実際には B だ」という 2 つの頻出形が組み合わさったパターンです。

語句　disagree over ～　～について意見が一致していない／climate change 気候変動／kill off ～を全滅させる／mammoth 名 マンモス

2　25 重要情報を示す (1) — 動詞 (⇒ p.66)
34 具体例の発見 (2) — If (⇒ p.84)

1 文目 it doesn't matter ～ で「重要ではないこと」を，2，3 文目 What matters is whether ～. You should ～. で「重要なこと／すべきこと」を伝えています。さらに 4 文目以降では If ～で具体例を挙げています。以上の「否定 → 主張 → 例」をきちんと把握すると,「現在の状況より将来のために今していることが重要」とわかるので 4 が正解です。

和訳　とは言っても，今どれだけ成功しているか，成功していないかは重要ではない。大事なのは，自分の習慣によって成功への道を歩んでいるかどうかなのだ。気にすべきなのは現在の道筋である。もし大金持ちであっても，毎月の収入よりも支出が多いのであれば，悪い方向に進んでいることになる。お金の使い方が変わらなければ，良い結果にはならないだろう。一方，今お金がなくても，毎月少しずつ貯金をしているのであれば，望んだペースより遅いとしても，経済的自由への道を歩んでいることになる。

問　筆者が今成功しているかどうかは問題でないと言っているのはなぜか？
1. 今集中していることは，最終的な未来の自分に影響を与えないから。／2. 現在の状況が必然的に，常に未来を決定しているから。／3. 現在の状況は，これまでの経験の産物や条件によってすべて決まるから。／4. 現在の状況よりも，将来のために今していることのほうが重要だから。

※誤りの選択肢 2 では by necessity「必然的に」と always「常に」, 選択肢 3 では entirely「すべて」が使われています。こういった「全部」系の語句を見たら,「さすがに全部ではないでしょ？／例外あるんじゃないの？」とツッコミを入れてみると，正解かどうかが判断しやすくなりますよ。

語句　that said とは言っても（⇒ p.46）／ be concerned with ～ ～を気にしている／ millionaire 名 億万長者，大金持ち／ course 名 方向，進路／ in contrast 対照的に，一方（⇒ p.47）／ broke 形 お金がない／ eventual 形 最終的な／ product 名 産物

3　29 重要情報を示す (5) ― about を使った頻出表現（⇒ p.74）
13 一般論の否定 (7) ― 比較級を使った否定表現（⇒ p.38）

1文目：全体は Some people think that ～「～と考える人もいる」で，that 節中は S is all about *A*「S の本質は A だ」の形です。「言語はすべて情報伝達についてだ」だと意味不明なので，「本質」を表す about だと判断して「言語の本質は情報伝達だ」と考えれば OK です。
2文目：比較対象が省略されているので，Nothing could be further from the truth {than this}. と補って考えます。直訳「これよりも真実から離れているものは何もない」→「これほど間違った考えはない」です（1文目の「言語の本質は情報伝達だ」という一般論を否定しています）。

和訳　（略）言語のもう1つの重要な役割は人間関係を構築することだ。人間関係の構築と維持にほぼ特化したコミュニケーションの1つが世間話だ。つまり，世間話というのは，一見，単純に思えるフレーズを交わすだけではまったくない。実は重要な一種の社会的接着剤なのだ。

語句　communicate 動 伝達する／ exclusively 副 もっぱら～，～だけ／ establish 動 構築する／ maintain 動 維持する／ small talk 世間話，雑談／ glue 名 接着剤

参照　11 一般論の否定 (5) ― more than を使った否定表現（⇒ p.34）：一般論を否定したあとは，3文目で「もう1つの重要な役割は人間関係の構築と維持」と主張を展開しています（another は「重要情報を追加する」ときによく使われます）。さらに5文目では「否定」を表す more than ～ を使い，6文目 It's actually ～ で「主張」を示しています（actually も「重要情報」や「意外な事実」を述べるときによく使います）。ここでも「一般論の否定」→「主張」の流れになっているのです。

解答　1 マンモス，オオナマケモノ，その他の大型動物類を全滅させたのは，実は原始の気候変動ではなくて実際には人間だったのかということについて，科学者たちの見解は分かれている。
2 4
3 言語の本質は情報を伝達することだと考えている人もいる。（しかし）これほど間違った考えはない。

CHAPTER 3

「文型・倒置」の実践的活用

「文型」の勉強では「これがS，これはV……この文は第1文型」といった解析だけで終わってしまう受験生が大半だと思います。ただし，これだけでは結局「文型が何の役に立つのか」がわかりませんよね。実際には文型が判断できれば「動詞の意味がわかる」ことがあるという大きなメリットもあるのです。

また，「倒置」についても「どう気づくのか」という視点から解説していきます。マイナーな印象を受ける倒置ですが，入試の英文では頻繁に使われ，そして設問でもよく狙われるのです（共通テストでも普通に出てきます）。

「英文の型」を実戦の中でどう活かせばいいのかをこのChapterで習得していきます。

43

第1文型 ― SVM
SVM

Sound minds reside in sound bodies.

□ 同じ get でも文型で意味が変わる

実は，文型によって代表的な動詞の意味は決まっています。以下の５つの文では，動詞はすべて get を使っていますが，その get の意味が**文型ごとに違っている**ことを確認してください。

文型ごとの代表的な「動詞の意味」（※詳細は p.106～127の各文型の内容を参照）

(1) 第１文型（SVM）：「いる，動く」

例：She got to the station on time.　※ get「移動する，着く」
「彼女は時間通りに駅に着いた」

(2) 第２文型（SVC）：「イコール」の意味

例：He got mad at me.　※ get「～になる」
「彼は私に怒った」

(3) 第３文型（SVO）：さまざまな意味があり，１つに決まらない

例：She got COVID.　※ get「得る」
「彼女はコロナウイルスに感染した」

(4) 第４文型（SVOO）：「与える」

例：Sachi got her dog a new toy.　※ get「与える」
「サチは自分の犬に新しいおもちゃを買ってあげた」

(5) 第５文型（SVOC）：「O に C させる／O が C とわかる」

例：The news got my family excited.　※ get「させる」
「その知らせで，私の家族はテンションが上がった」

get は「得る」という意味が有名ですが，それは第３文型でしか使われず，第４文型にいたっては「得る」の反対「与える」となるのです（厳密には「(買って) 与える」ですが，「与える」で意味は十分とれますね）。

POINT 文型の判断ができると，文構造がわかり，英文の意味を捉えやすくなるのは言うまでもありません。しかし「文型の威力」というのはそれだけではないのです。実は「知らない動詞の意味がわかる」こともあるのです。

健全な精神は健全な肉体に宿る。

043

□ 第1文型　SVM　意味の中心：「いる, 動く」

第１文型の動詞は「存在，移動」の意味で使われることが多いです。これを裏返せば，動詞の意味がわからなくても，**第１文型なら「存在，移動」（いる，動く）と考えてみれば意味がわかってしまう**ことがよくあるのです。

She got (to the station) (on time).　※第１文型／前置詞句はＭになる
S　V　M

たとえば，get to ～ は「～に着く」という熟語として覚えるのが普通ですが，文型を利用すれば「いる，動く」と推測できます。前置詞 to は「方向・到達」を表すので「(～のほうへ) 動く」という意味がピッタリです。

※現実には SV だけで終わる英文はまれなので，本書ではＭ（修飾語）を伴った SVM で表記しています。

□ 難しい動詞も推測できる！

今回の英文で使われている reside の意味を知らなくても，SVM という第１文型なので「いる，動く」と考えればよいのです。

構文解析

第１文型 →「存在・移動」

Sound minds reside (in sound bodies).
S　V　M

ここでは「存在（いる，ある）」で，「健全な精神は健全な肉体の中にある」→「健全な精神は健全な肉体に宿る」となります。上級者は reside を「居住する」と覚えていたかもしれませんが，今回の英文にその訳をあてると，かえって不自然になってしまいますね。

語句　sound 形 健全な／ mind 名 精神／ reside 動 存在している

CHAPTER 3

44

第2文型 — SVC
SV＋形容詞

Newton's laws of motion **hold true**, whether on the earth's surface or in outer space.

□ 第2文型でよく使われる動詞

以下の動詞を見たら「SVCになるのでは？」と予想することが大切です。

SVCをとる代表的な動詞

(1) 状態・継続：be「～になる，～である」／keep, remain, stay, hold, lie「～のままでいる」

(2) 変化：become, get, turn, grow, come, go, fall「～になる」／prove, turn out「～だとわかる」

(3) 感覚：seem, appear「～のようだ」／look「～に見える」／feel「～のように感じる」／sound「～に聞こえる」／taste「～の味がする」／smell「～のにおいがする」

※どの動詞も「根底にbe動詞がある（無色透明なbe動詞に色がついた感じ）」というイメージです。

例 The video of a robot that can play the piano **went** viral.
ピアノを弾けるロボットの動画がバズった。
※ "the video of ～ = viral" の関係／go viral「ネットで拡散される，バズる」（viralは「ウイルスの」で，ウイルス（virus）が一気に広まるイメージから）

□ 第2文型　SVC　意味の中心：「イコール」

SVCでは必ず "S=C" が成り立ちます。よく使われる代表格はbe動詞です（beが「いる，ある」の意味の場合は第1文型）。Tokyo is big.「東京は大きい」なら，"Tokyo=big" の関係です。SVCのCには名詞，形容詞などがくるのですが，この中で「形容詞」に注目すると，**「"動詞＋形容詞（-ing／**

POINT SVC では“S=C”という関係になるので，もし SVC だと判断できれば「動詞の意味はイコールになる」とわかるのです。では，動詞の意味がわからなくても SVC だとわかるのはどんなときなのか考えてみてください。

ニュートンの運動法則は，地表でも宇宙空間でも当てはまる。

044

p.p.)”の形であれば SVC になる」と考えることができるのです。

※名詞の場合は SVO の可能性もあるため，間違っても“SV + [名詞]”だけを見て SVC だと断定してはいけません。

SVC の判断

(1) SV + [形容詞] →“SVC” ※“S=C”の関係

(2) SV + [名詞]

① “S = [名詞]”が成り立てば“SVC”

例：She became a YouTuber.「彼女はユーチューバーになった」

② “S ≠ [名詞]”なら“SVO” ※ SVC にはならない

例：She felt her pulse.「彼女は自分の脈を測った」

※ She ≠ her pulse ／他動詞 feel「触ってみる」／ pulse「脈」

□ hold true の意味は?

hold true「当てはまる」という熟語を知らない場合でも，文型から推測できます。true が形容詞で C になり，“Newton's laws of motion = true”の関係で，「ニュートンの運動の法則 = 真実だ」→「常に成り立つ」くらいに予想できるわけです（hold には「〜のままでいる」というニュアンスがあるのですが，今回は知らなくても訳出上は問題ありませんね）。

構文解析

Newton's laws of motion (S) hold (V) true (C), (whether on the earth's surface [or] in outer space).

第 2 文型 →「イコール」の関係

語句　motion 名 運動／ surface 名 表面／ outer space 宇宙空間，大気圏外

CHAPTER 3

45

第3文型（1）— SV that ～

SV that ～

> The government spokesperson **maintained that** the negotiations were going well, and that a ceasefire was imminent.

□ “SV that ～” は「思う，言う」

“SV that ～” の形（V が目的語に that 節をとるとき）では，動詞は**「認識・伝達」**系の意味を持ちます。これは中学レベルの単語で実感できることで，以下のように，すべて「思う，言う」系統の動詞が that 節をとりますね。

that 節を目的語にとる動詞の例
S know that ～「S は～だと知っている」／S think that ～「S は～だと思う」／S say that ～「S は～だと言う」

「認識・伝達」以外の動詞（たとえば eat，run，have）はこの形をとりませんよね。これを逆手にとると，**「“SV that ～” は『思う，言う』系統の意味」**という必殺技ができあがります。知らない（意味のわからない）動詞が出てきても “SV that ～” の形に注目すれば意味を推測できてしまうのです。

※もちろん「思う」と「言う」は違いますが，英文の内容をざっくり理解するには十分です。

□ maintain の意味を考える

maintain は「維持する」という訳が有名ですが，今回の英文では不自然です。そこで “SV that ～” の形に注目すれば「思う，言う」と予測できます。

※正確には「主張する」という意味で，ニュースでも頻繁に使われます。

構文解析

“SV that ～” は「思う，言う」

The government spokesperson (S) maintained (V) 〈that (O) the negotiations ((s))

POINT 第３文型の動詞だけはさまざまな意味になるため単語力勝負なのですが，“SV that ～” の形のときは動詞の意味を推測できる超重要な技が使えます。まずはこの形をとる動詞を考えてみてください。

政府報道官は，交渉は順調に進んでおり，停戦は間近であるとの見解を示した。

045

were going well〉, and 〈that a ceasefire was imminent〉.
(v) O (s) (v) (c)

全体は maintain that ～, and that ...「～で，…だと主張する」の形です。and の直後に that をつけることで，and that ... 以降も that 節の内容（主張内容）であると明確に示すことができます（つまり，maintain that ～, and ...「～だと主張して，…する」という構造ではない）。

※記述問題で「主張内容を説明せよ」と出た場合，きちんと２つの主張（２つの that 節）をとらえることが求められます。

□ 難しい動詞も “SV that ～” から推測できる！

たとえば surmise「推測する」はかなり難しい単語ですが，みなさんは “SV that ～”の形に注目して「思う，言う」系統の意味だと推測してください。他にも reckon that ～「～と考える」, hold that ～「～と思う」, venture that ～「あえて～と述べる」などもすべて “SV that ～” の形から意味を攻略できるのです。難しい長文になればなるほど大活躍しますよ。

例 When Paul got to Kristi's house but there was no car in the driveway, he **surmised that** she was out.
ポールはクリスティの家に着いたが，家の前の私道に車がなかったので，彼女は出かけているのだろうと推測した。 ※ driveway「私道」

語句 spokesperson 名 報道官，広報担当者／ negotiation 名 交渉／ ceasefire 名 停戦／ imminent 形 間近に迫った

第3文型(2) — It is *p.p.* that ～

It is *p.p.* that ～

It is commonly **held that** the law treats everyone equally, but since hiring a lawyer can be very expensive, some people say, "When it comes to justice, you get what you pay for."

□ It is *p.p.* that ～ は「～と思われている，言われている」

"SV that ～" の形をとる動詞は「思う，言う」の意味になることを前回マスターしましたね。これは受動態になっても使えます。

- **SV〈that ～〉　「～と思う，言う」**
  - ↓ ※ that ～ を前に出して受動態（be *p.p.*）に
- **〈That ～〉is *p.p.* {~~by S~~}.**　※ by S は省略
  - ↓ ※頭でっかちなので，仮主語構文に（It は仮主語，that ～ が真主語）
- **It is *p.p.*〈that ～〉　「～と思われている，言われている」**

つまり **"It is *p.p.* that ～"** という形で，*p.p.* が知らない単語でも**「～と思われている，言われている」**と予測できるのです。It is thought[believed] that ～「～と思われている」や It is said that ～「～と言われている」はもはや常識ですが，他の動詞でも似た意味になるわけです。

□ It is held that ～ の形に注目する

今回の It is held that ～ も "It is *p.p.* that ～" の形に注目すれば，「～と思われている，言われている」といった意味だと推測できます。

ちなみに正確には hold の意味は「思う」で，**It is commonly held that ～「一般的に～と思われている」**です。元々 hold は「～を抱きかかえる」とい

POINT 多くの受験生がIt is held that ～ の意味を理解できないのですが，前回マスターした“SV that ～”を利用すれば推測できてしまうのです。ここではどういう変形が起きているのか考えてみてください。

一般的に法律はすべての人を平等に扱うと考えられているが，弁護士を雇うのは非常に高額になりうるため，「裁判となると，払った分だけ(の正義)しか手に入らない」と言う人もいる。

046

う意味で，そこから「考えを抱く」→「思う」になりました。能動態の hold that ～「～と思う」もよく使われます。

※ちなみに，hold true「当てはまる」の場合は SVC でしたね（⇒ p.108）。

構文解析

It is *p.p.* that ～「～と思われている」

It(仮S) is (commonly) held(V) 〈that(真S) the law(s) treats(v) everyone(o) equally〉, but (since hiring a lawyer(s) can be(v) very expensive(c)), some people(S) say(V), “(When it(s) comes to(v) justice(o)), you(S) get(V) 〈what you pay for φ〉(O).”

全体は“It is commonly held that ～（一般論）, but ～(主張)”という流れです。common や commonly は一般論の目印になります(⇒ p.27)。

また，最後の You get what you pay for. は，直訳「払った分だけのものを手に入れる」→「値段に見合ったものしか手に入らない／安かろう悪かろう」という決まり文句です（you は総称用法)。

ここでは「弁護士を雇うのに高額なお金を払うと正義が手に入る（法律で公平に裁かれる）が，お金を払わなければ公平に裁かれない」ことを表しています。

語句　treat 動 扱う／equally 副 平等に／lawyer 名 弁護士／expensive 形 高価な／when it comes to ～ ～のことになると　※この to は前置詞／justice 名 正義／pay for ～ ～にお金を払う

CHAPTER 3

47

第4文型（1）— SV 人 物（give 型）

SV 人 物

> Mr. Cullen's impressive sales results **earned him a promotion** to assistant manager.

□ "V 人 物" は「人 に 物 を与える」

第４文型（SVOO），つまり **"V 人 物"** の形をとる動詞は，原則 **「与える」** という意味になります。give 人 物「人 に 物 を与える」が有名ですが，その他にも teach「教える」は「知識を与える」，show「見せる」は「視覚情報を与える」，lend「貸す」は「一時的に与える」ということですね。実は すべて give「与える」がベースにあります。

give 型　基本形：give 人 物 ⇔ give 物 to 人

- **基本**：give「与える」／ send「送る」／ teach「教える」／ tell「話す」／ show「見せる」／ bring「持ってくる」／ offer「提供する」
- **標準**：lend「貸す」／ pass「手渡す」／ award「授与する」
- **応用**：allot「割り当てる」／ grant「与える」／ earn「もたらす」

【注意】 do「与える」　※物 にくるのは good「利益」／ harm, damage「害」／ justice「公平さ」／ a favor「親切な行為」／ honor，credit「名誉」（⇒詳細は次項で）

ということは，知らない動詞が出てきても，**"V 人 物" の形になっていれば「与える」と考えればいい**のです。もちろん「与える」ときの微妙なニュアンスは違いますが，長文で大体の意味を理解するのに役立ちます。

※ほんの数個だけ，真逆の「奪う」という動詞もあります（⇒ p.118）。

例 The reporter's persistence **landed her an interview** with the young tech CEO.
その記者が粘り強かったことで，彼女は若きテクノロジー企業の CEO にインタビューすることができた。
※ tech「科学技術の」／ CEO「最高経営責任者」（chief executive officer の略）

POINT earn は「稼ぐ」という意味が有名ですが，実際の長文やニュースなどでは "earn 人 物" の形がよく使われ，「稼ぐ」の意味では不自然なこともあります。ここでも，文型に注目すれば意味が推測できますよ。

カレンさんは見事な営業成績を収めたので，係長に昇進した。

047

動詞 land を知らなくても（もしくは「着陸する」だけしか知らなくても），"V 人 物" の形に注目して「与える」と考えれば OK です。直訳「その記者の粘り強さは，彼女に～とのインタビューを与えた」→「その記者が粘り強かったことで，彼女は～とインタビューできた」となるわけです（reporter が女性なので her が使われています）。

※主語 The reporter's persistence を「その記者が粘り強かったこと」と訳す発想は，名詞構文で詳しく扱います（⇒ p.172）。

□ earn の意外な意味も「文型」から推測できる！

今回の英文では，earn を「稼ぐ」と考えても文意が通りません。そこで文型に注目すると，**"V 人 物"** の形なので**「人 に 物 を与える」**だとわかります。

構文解析

Mr. Cullen's impressive sales results (S) earned (V) him (O(人)) a promotion (O(物)) [to assistant manager].

earn 人 物「人 に 物 を与える」

S earned him a promotion to ～ で，直訳「S は彼に，～への昇進を与えた」→「S によって彼は～に昇進した」となります。辞書にはこの earn は「もたらす」などと載っていますが，無理して覚えるより文型に注目して「与える」で十分ですね。

語句　impressive 形 見事な，すばらしい／ assistant manager 係長，次長

48

第4文型（2）— do を使った表現（give 型）

do more harm than good

In the past, teachers often hit children to get them to behave. However, it is no longer permitted because experts say it **does more harm than good**.

□ “do 人 物” は「人 に 物 を与える」

“V 人 物” の形は原則「人 に 物 を与える」という意味なので，**“do 人 物”** も **「与える」** となります。ただし do の場合は少し注意が必要で，物 に入る単語が決まっています（「善悪，利害」の名詞が入る）。

“do 人 物” を使った重要表現

- **do 人 good**「人 に利益を与える」　※ good は「利益」という名詞
- **do 人 harm**「人 に害を与える」　※ harm の他に damage でも OK
- **do 人 a favor**「人 に親切な行いをする」　※ a favor は「親切な行為」
- **to do 人 justice**「人 を公平に判断すれば」　※不定詞を使った熟語

例 Could you **do me a favor**?　（１つ）お願いがあるのですが。

これは会話での決まり文句ですが，“do 人 物”「人 に 物 を与える」の形から，直訳「私に１つ親切な行為（a favor）を与えてくれませんか？」→「１つお願いがあるのですが」と考えるといいでしょう。

□ do more harm than good の形

長文でよく使われる表現として，do more harm than good「有害無益である」があります。元々は do 人 more harm than good で，直訳「人 に利益（good）より多くの害（more harm）を与える」ということです。そこから 人 が省略されて，do more harm than good でも使われるようになったわけです。ざっくり **「プラスよりマイナス」** ということを伝える表現です。

POINT give 型の動詞の中で特に出るのが，“do 人 物”「人に物を与える」の形です。これを使った（人が省略された）do more harm than good という表現は，もはや決まり文句と言えるほどよく使われます。

以前は，教師が子どもをしつけるために叩(たた)くことがよくあった。しかし，専門家によるとそれは有害無益なので，現在では許されていない。

048

※関西学院大では，長文中の vaccines do more harm than good に下線が引かれて，vaccines are less helpful を使った選択肢を選ぶ問題が出題されたこともあります（vaccine は「ワクチン」）。また，英検準1級の長文でも何度も出ています。

構文解析

(In the past), teachers(S) often hit(V) children(O) (to get them to behave).　［過去］

However, it(S) is(V) no longer permitted (because experts(s) say(v) 〈{that(o)} it(s') does(v') more harm(o') (than good)〉).　［現在］［プラスよりマイナス！］

全体は In the past, ～. However, ...「以前は～だった。しかし（現在は）…」という流れで，過去と現在が対比されています（⇒ p.20）。「過去：体罰でしつけ → 現在：体罰は許されない」ということです。そして because 節で it does more harm than good と「体罰が許されていない理由」を示しています。

ちなみに，2文目にある **no longer ～**「もはや～ない」は（意味は有名ですが）「働き」まで意識してください。実は「昔は○○だったけれど，もはや（今は）そうではない」というニュアンスを含み，**「過去と現在の対比／変化」**を表すことが多いのです。長文で「対比」の目印になる重要表現です。

語句　get 人 to ～ 人に～させる／behave 動 行儀よくする／no longer ～ もはや～ない／permit 動 許可する／expert 名 専門家

49

第4文型(3) ― SV 人 物 (take 型)

save 人 the trouble of -ing

Restaurants that offer take-out meals **save people the trouble of cooking** for themselves.

□「奪う」の意味になる動詞

"V 人 物"の形で,「与える」の真逆で**「人から物を奪う」**という意味になる特殊な動詞があります。数は少ないので,これさえ覚えてしまえば,あとは知らない動詞を「与える」と訳す必殺技が自由に使えるようになります。以下の動詞は,どれもバラバラに教わるのですが,実はすべて"V 人 物"の形をとり,「奪う」という意味がベースにあります。

※「ギブ&テイク」と言うように,give の反対が take だと考えられるので,この動詞は「take 型」と名づけます(実際,take は「奪う」という意味)。

take 型　基本形:take 人 物「人から物を奪う」

- take 人 時間「人に時間がかかる」 ※「人から時間を奪う」
- cost 人 金「人に金がかかる」 ※「人から金を奪う」
- cost 人 命「人の命が犠牲になる」 ※「人から命を奪う」
- save 人 手間・金「人の手間が省ける,人の金が節約できる」 ※「人から手間・金を奪う」
- spare 人 手間「人の手間が省ける」 ※「人から手間を奪う」
- owe 人 金「人から金を借りる」 ※「人から金を(一時的に)奪う」
- deny 人 物「人に物を与えない」 ※「人から物を(一時的に)奪う」

※動詞によっては,人が省略されることもよくあります。

例　It **cost him a lot of money** to fix his smartphone.
彼がスマートフォンを修理するのにかなりのお金がかかった。
※「彼から多額の金を奪う」→「かなりの金がかかる」

POINT "V 人 物" の形は原則「与える」になることはもう理解できたと思いますが，真逆の「奪う」という意味になる動詞がほんの少しだけあります。そういった特殊な動詞をここでチェックしておきましょう。

テイクアウト料理を提供するレストランのおかげで，自炊の手間を省くことができる。

049

例 The doctor's carelessness **cost the patient his life**.
医者の不注意のせいで，その患者は命を落とした。
※「患者から命を奪う」→「命を犠牲にする，命を落とす」

今回の英文は，"save 人 手間" の形で，「人から手間を奪う」→「人の手間が省ける」の意味です。「レストランは人々から -ing の手間を奪う」→「レストランによって人々は -ing する手間を省ける」ということです。

構文解析

Restaurants [that offer take-out meals] save people the trouble [of cooking (for themselves)].
(Restaurants [that offer take-out meals] = S, save = V, people = O(人), the trouble [of … = O(物))

save 人 手間「人の手間が省ける」

+α spare の判別：物 にくる名詞の種類で判別する

"spare 人 物" の形には，give 型「与える」と take 型「奪う」の両方の意味があります。後ろにくる 物 が判別のヒントになります。

(1) **spare 人 時間・金** → give 型「与える」
(2) **spare 人 マイナス単語** → take 型「奪う」
※ マイナス単語 は trouble など

例 Could you **spare me a few minutes**?
少し時間をいただけますか？　※ give 型「私に数分与えてくれませんか？」

語句 take-out 形 テイクアウトの，持ち帰り用の／ meal 名 食事／
trouble 名 手間／ for *oneself* 自分で，自分のために

CHAPTER 3

第4文型（4）— take を使った表現（take 型）
what it takes to ～

Many high school students love playing soccer, but only a few have **what it takes to** play professionally.

□ what it takes to ～「～するのに必要なもの」

It takes [人] [物] to ～「～することは，[人]から[物(才能など)]を奪う」が発展して，**「[人]が～するのに[物(才能など)]が必要だ」**となります（It は仮主語，to ～ が真主語）。さらに[人]はよく省略されます。

次に，[物]が関係代名詞 what になり先頭に出ると，what it takes φ to ～「～するのに必要なもの」という名詞のカタマリになるわけです。

It takes {[人]} [物] to ～「([人]が) ～するのに[物]が必要だ」

※[物]が関係代名詞 what に

↓

what it takes φ to ～「～するのに必要なもの」

※ takes「必要とする」の目的語が欠けた形

□ have what it takes to ～ の自然な訳し方

have what it takes to ～ は，直訳「～するのに必要なものを持っている」→「～する素質がある，～する能力がある，～する器だ」などと訳すと自然になることが多いです。

※英英辞典には have what it takes (to do something) が，そのまま載っていることも多いです。それほどよく使われる表現なのです。

構文解析

Many high school students (S) love (V) playing soccer (O), [but] only a few (S) have (V) 〈what it takes φ to play professionally〉 (O).

what it takes to ～「～するのに必要なもの（素質）」

POINT "take 人 物" では It takes 人 時間 to ～ ばかりが有名ですが，難関大では what it takes to ～ が出ます。前回説明した発想で理解できるので，どんな意味になるのか考えてみてください。

サッカーが大好きな高校生はたくさんいるが，プロとしてプレーするのに必要な素質を持っている人は，ほんの一握りだ。

050

only は否定的な響き（ほんの～しかない）で，only a few は「ほんの少し」という意味です。ここでの only a few は，only a few high school students のことです（文頭の Many と対比されています）。what it takes to play professionally は「プロとしてプレーするのに必要な素質」と訳せます。

□ 文法問題でもポイントになる！

この表現は和訳問題でもよく狙われますし，疑問文で What does it take to ～?「～するために必要なものは何か？」とテーマを提示するときにも使われます。さらに，以下のように文法問題で問われることもよくあるのです。

以下が自然な英文になるように［　　］内の語を並び替えなさい。ただし，英語１語を補充するものとする。
She is intelligent, but she just doesn't have ［be / takes / to / what］ a good journalist. （東京大）

（解答 She is intelligent, but she just doesn't have [what it takes to be] a good journalist.）（※ it を補充）
彼女は頭は良いけど，優れたジャーナリストになるのに必要な素質を持ち合わせていない。

CHAPTER 3

51

第5文型 (1) — SVOC

SVO＋形容詞

Hyperinflation **rendered the country's currency** practically **worthless**.

□ SVOC は「S によって O が C する, C になる」

SVOC を自然な日本語にするには，ちょっとしたコツが必要です。The news made me happy. くらいの簡単な文であれば，なんとなく「The news が me を happy にさせた」→「そのニュースで（ニュースを聞いて）私は嬉しくなった」と意訳できますが，難しい英文にも対応できるように，ここで方法論をマスターしておきましょう。

SVOC の自然な訳し方

	S	V	O	C
英文中での働き	M′(原因・理由)	×（無視 or 助動詞，副詞的）	(s′)(主語)	(v′)(動詞)
和訳	**「S によって」**	（ナシ or 動詞に＋α の意味）	**「O が」**	**「C する，C になる」**

※「C に形容詞や名詞がきたとき」は，形容詞や名詞を (v′) と考えると無理が生じるときがあります。そのときは単純に O=C「O が C だ」と考えれば OK です。

S は M′（原因・理由）と考え，**「S によって」**と訳します（プラスの文脈では「S のおかげで」，マイナスの文脈では「S のせいで」とするより自然）。そして **V は基本的に無視して OK** です。むしろ無視したほうがきれいに訳せます。もし動詞の意味を知っていればそのニュアンスを加えれば完璧です。

※ enable「可能にする」なら「できる」をつけるといったことです（詳細は次項）。

最後に O と C は (s′) と (v′)**「O が C する」**の関係です。

The book made me think that all humans are evil.
S (M′) / V (×) / O (S′) / C (V′)

POINT 今回の render は難しい動詞です。知っていてほしいという思いもありますが，知らないときはどう考えるのかという発想をここで解説していきます。

ハイパーインフレによって，その国の通貨がほとんど無価値になった。

051

（△）その本は私に，人間はみんな悪だと考えさせた。
（◎）その本を読んで，人間はみんな悪だと思った。

□ 知らない動詞 render の意味もわかる！

SVOC は他の文型と違って，動詞そのものの意味を予測するのではなく，「その前後（S と OC）も含め，英文全体の意味が決まる」というのが特徴です。つまり文全体を**「S によって O が C する（C になる）」**と理解できるのです（動詞そのものは意味を持たず，「文全体の意味を決める」イメージ）。

つまり，動詞の意味を知らなくても，SVOC だと判別できれば，あとは「S によって O が C する（C になる）」と考えればいいのです。

※ "SVO + 形容詞" という形は SVOC だと考えることができます。

構文解析

SVOC「S によって O が C になる」

Hyperinflation (S) rendered (V) the country's currency (O) practically worthless (C).

the country's currency は名詞で O になり，worthless は形容詞なので C になります（-less「～がない」は形容詞の語尾）。SVOC とわかれば，動詞 render を知らなくても，「Hyperinflation によって，the country's currency が practically worthless になった」と理解できるのです。

※この機会に render は知っておいてください。超難関大では必要です（今回のようにマイナスの変化によく使われます）。

CHAPTER 3

語句　hyperinflation 名 ハイパーインフレーション（物価が短期間で急激に高騰すること）／ render OC　O を C にする／ currency 名 通貨／ practically 副 実質的に，ほとんど／ worthless 形 価値のない

52

第5文型 (2) ― SV 人 to ～

SV 人 to ～

Being told by his parents that they would not pay for another year of college **prompted Barry to** get serious about passing all of his classes.

□ "SV 人 to ～" は「S によって人が～する」

"SV 人 to ～" は第 5 文型 (SVOC) になります (これは超重要ルール)。SVOC は**「S によって O が C する」**と訳すときれいになるのでしたね。ということは, "SV 人 to ～" で V の意味がわからなくても (どのみち訳さなくてもよいので) 英文の意味がわかってしまうのです。

SV 人 to ～ → SVOC →「S によって O が C する」という意味になる！

英文上での形	S	V	人	to ～
文型(第 5 文型)	S	V	O	C
英文中での働き	M′	×	(s′)	(v′)
和訳	「S によって」	(ナシ or 動詞に + α の意味)	「O が」	「C する」

「V の和訳」の部分にある「動詞に + α の意味」ですが, これはたとえば enable「可能にする」の場合,「助動詞 can のニュアンス」をつけ加えて,「S のおかげで人が～できる」とすれば OK ということです。

Smartphones enable people to access the Internet anywhere.
S (M′) / V (×) / O (S′) / C (V′)

(△) スマホは, 人々がどこでもネットにアクセスすることを可能にする。
(◎) スマホのおかげで, 人々はどこでもネットにアクセスできる。

POINT 前項の「SVOC の自然な訳し方」は“SV 人 to ～”の形でも威力を発揮します。この形をとる動詞は無数にあるので，今後活躍することが何度もありますよ。

両親からもう１年分の大学の学費を払うつもりはないと言われたことで，バリーはすべての授業で単位を取ることに真剣になった。

052

□ “prompt 人 to ～”をどう考える？

今回は Being told by his parents that ～ が長い主語で，prompted Barry (人) to ～ と続いています。“SV 人 to ～”の形なので，動詞 prompt の意味を知らなくても，**「S によって 人 が～する」**と考えればいいのです。

構文解析

〈Being told (by his parents) 〈that they would not pay for another year of college〉〉 prompted Barry to get serious about passing all of his classes.

S: Being told ... college / (s) they / (v) would not pay for / (o) another year of college / V: prompted / O: Barry / C: to get serious about passing all of his classes

SV 人 to ～「S によって 人 が～する」

全体は「…と言われたことによって，バリーは～するようになった」と理解できます。

“SV 人 to ～”をとる動詞の例

allow，permit「許可する」／ enable「可能にする」／ cause「引き起こす」／ lead「導く」／ encourage「勇気づける，促す」／ incline「する気にさせる」／ force，oblige，compel「強制する」／ order「命令する」／ advise「勧める，忠告する」／ require，request「要求する」／ expect「期待する」／ determine「決心させる」／ urge「説得する，強く迫る」／ petition「嘆願する」／ propel，prompt，drive「推し進める，促す」

※ determine や incline など，ほぼ受動態（be *p.p.* to ～）でしか使わないものも含む

53

第5文型 (3) — SV *A* as *B*

see *A* as *B*

While raising taxes is never popular, most members of parliament **see** it **as** necessary to avoid budget deficits.

□ "V *A* as *B*" は「A を B とみなす」

動詞が何であれ **"V *A* as *B*"** という形は **「A を B とみなす」** という意味になるのが原則です。My father uses the box as a chair. という文では（use の意味は常識ですが，あえて知らないつもりで考えると）"V *A* as *B*" の形から「父はその箱をイスとみなす」で意味が伝わりますね。つまり use を知らなくても，満点ではないのですが，「みなす」で内容を理解できるのです。

この形を好む動詞をチェックしておきましょう。この形であればすべて「みなす」で処理できますが，参考までに代表的な訳語を載せておきます。

regard 型の動詞　V *A* as *B*「A を B とみなす」

(1) 文法問題で頻出：regard，look on「みなす」／ think of「考える」

(2) 長文で頻出：see「みなす」／ view「考える」／ take「受け入れる」／ identify「同一視する」／ refer to「言う，呼ぶ」／ describe「説明する」／ recognize「認識する」／ interpret「解釈する」／ define「定義する」／ treat「扱う」／ quote「引用する」／ consider「考える」

構文解析

(While raising taxes(s) is(v) never popular(c)), most members of parliament(S) see(V) it(O) as necessary(C) (to avoid budget deficits).

see *A* as *B*「A を B とみなす」

今回の see it as necessary も "V *A* as *B*" の形なので「A を B とみなす」と考えれば OK です。「それ (= 増税) を必要だとみなす，考える」です。

POINT "V *A* as *B*" の形は regard *A* as *B*「A を B とみなす」が有名ですが，長文では see *A* as *B*，identify *A* as *B* などいろいろな動詞が使われます。こんなとき，どう考えていけばいいかを解説していきます。

増税は決して人気ではないが，議員の大半は財政赤字を避けるために増税は必要だと考えている。

053

全体は While (s)(v), SV.「(s)(v) するが，SV だ」の形で対比されています。

+α 受動態／*B* の形／例外について

"V *A* as *B*" について細かいことを３つ加えておきます。

(1) 受動態でもよく使われる

A is *p.p.* as *B*.「A は B とみなされている」という形もよく出てきます。

(2) as のあとの *B* の形

as は前置詞なので後ろに名詞がくるのですが，"V *A* as *B*" の形では *B* に形容詞（分詞）がくることも許されます（しかもよく出てくる）。

※ SVOC とみなすと，as *B* が C になるので，C によく形容詞がくることと関連があるのではないかと思われます。

例 Paper bags **are regarded as less harmful** to the environment than plastic bags.
紙の袋は，ビニール袋よりも環境への負荷が少ないと考えられている。

(3) 例外：「みなす」という意味にならないもの

- S replace O as ～「～として，S は O の代わりになる」
- S strike[impress] 人 as ～「S は 人 に～という印象を与える」

語句　parliament 名 議会／budget deficit 財政赤字

CHAPTER 3

54

任意倒置（1）— 第1文型（MVS）

Behind this observation lies ～

Losing weight and keeping it off is extremely difficult. **Behind this observation lies** the fact that losing a lot of weight slows a person's metabolic rate significantly.

□ 倒置の全体像（2種類の倒置）

文法，読解を問わず「倒置」という用語は頻繁に使われます。しかし倒置には大きく分けて２種類あるので，そこを意識しないと混乱してしまいます。

(1) 任意倒置：順番が入れ替わる（文型ごとにパターンが決まっている）
(2) 強制倒置：文頭に否定語がきたとき，疑問文の語順になる

□ 「任意倒置」は文型ごとにパターンがある

以下は文型ごとの倒置パターンですが，やみくもに暗記する必要はありません。以下の※の部分に注目することで理屈がわかります。

任意倒置の文型ごとのパターン

第１文型	SVM → MVS	※Ｍが前に出てSVが入れ替わる
第２文型	SVC → CVS	※S=Cで，左右が入れ替わるだけ
第３文型	SVO → OSV	※Oが文頭に出るだけ
第４文型	SVOO → OSVO	※２つのOのうち１つが文頭に出るだけ
第５文型	SVOC → OSVC	※Oが文頭に出るだけ
	SVOC → SVCO	※O=Cで，左右が入れ替わるだけ

※Sが代名詞の場合，ここに挙げたものとは違った語順になることがあるのですが（たとえば，MVSではなくMSV），逆に簡単なので気にしなくて大丈夫です。

POINT 「倒置」はマイナー扱いされがちですが，実際には長文で非常によく使われます。ここでは「倒置の全体像，見抜き方，倒置の意義」などをしっかり解説していきます。

体重を減らし，それを維持することは極めて難しい。その見解の背景には，体重を大幅に減らすと新陳代謝率が著しく低下するという事実がある。

054

□ 第1文型の倒置（SVM → MVS）

M が文頭に出て，S が後ろに引っ込む結果，**MVS** という語順になります。

構文解析

SVM の倒置（MVS）

Losing weight (S) and keeping it off is (V) extremely difficult (C). (Behind this observation) (M) lies (V) 〈the fact (S) 〈that losing a lot of weight (s) slows (v) a person's metabolic rate (o) significantly〉〉.

前置詞 Behind ～「～の背景に」は主語になれず，そのまま動詞 lies が出てくるので，そのあとの the fact that ～が主語だと考えます。本来は The fact that ～ lies behind this observation. の形です。

※ 1 文目の内容を“this + 名詞”の形でまとめています（⇒ p.168）。前の内容を Behind this observation で受ける自然な流れになるのです。

倒置になっても意味は変わらないので，訳す順番はどれでも OK です。

- **元の文の順番で訳す**：「～という事実が，その見解の背景にある」
- **英語の順番で訳す**：「その見解の背景にあるのは，～という事実だ」

ちなみに冒頭では，この 2 つの折衷案として，M → S → V の順番「その見解の背景には，～という事実がある」で訳しました。

語句　keep weight off（減量した）体重を維持する／ metabolic rate 新陳代謝率

CHAPTER 3

55

任意倒置 (2) ― 第2文型 (CVS)

Equally important is ～

To improve your ability to communicate in English, you must practice speaking with others. **Equally important is** to observe and understand native speakers communicating with each other.

□ 第2文型の倒置 (SVC → CVS)

SVC の特徴は S=C なので，その左右を入れ替えた C=S の形，つまり **CVS** が倒置になります。あえてシンプルな文で説明すると, Kazuma is happy. → Happy is Kazuma.「幸せなのは，カズマです」となります。形容詞 Happy は主語になれないので，動詞 is が出てきたらそのあとに主語がくる倒置だと考えるのがポイントです。

今回の 2 文目も Equally important という形容詞で始まり，動詞 is がきています。この時点で「第 2 文型の倒置（CVS）だ！」と考えてください。

構文解析

(To improve your ability [to communicate (in English)]), you(S) must practice(V) speaking (with others)(O). Equally important(C) is(V) to observe and understand native speakers communicating (with each other)(S).

SVC の倒置 (CVS)

元々は To observe and understand ～ is equally important.「～を観察して理解することは, 同様に重要だ」です。しかしこれでは主語が長くてバランスが悪いですし，何より，前文とのつながりがよくないのです。

1 文目で「義務（you must ～)」を伝えています。「しなければならない」は「重要な情報」ですよね。2 文目で，Equally important is ～「(それと）同じくらい重要なことを挙げると～」という倒置を使うことで，新たな重要情報を追加する自然な流れになるのです。

POINT Equally important is ～ で文が始まることがよくあります。意味は予想できるものの，「この英文の構造」と「そもそもなぜこんな形が使われるのか」まで理解することで，英文の意図が鮮明になります。

英語でのコミュニケーション能力を向上させるためには，他の人と話す練習をしなければならない。同様に重要なのは，ネイティブスピーカー同士のコミュニケーションを観察し，理解することだ。

055

今回のように前の文を受けて，**Equally[Just as / No less] important is ～「同様に重要なのは～」**や**More important is ～「より重要なのは～」**と続けることがよくあります。

※“of + importance=important” なので（⇒ p.70），これの倒置 Of equal importance is ～「同様に重要なのは～」も使われます（本来の語順は，～ is of equal importance.）。さらに Central to ～ is ...「～にとって重要なのは…」といったパターンも頻出です。

ちなみに，こういった倒置は決して難しい英文だけで出るわけではなく，2023年の共通テスト（リーディング）でも出題済みです。Perhaps even more amazing than ～ is their ability to ...「ひょっとすると，～よりもっと驚くべきなのは…する能力だ」の形で出ましたが，これはCVSの倒置です。

+α At the heart[core] of ～ is ...「～の中心にあるのは…だ」

これは第1文型の倒置になりますが，重要情報を示す際によく使われます。

At the heart of the concerns about the breakdown of diplomatic negotiations between the two countries **is the fear** that war may break out.　その2国の外交交渉が決裂することに関する懸念の中心にあるのは，戦争が勃発するのではないかという不安だ。

※本来は The fear that ... is at the heart of ～「…という不安が～の中心にある」／ concern「懸念」／ breakdown「決裂」／ diplomatic「外交の」

語句　observe 人 -ing 人が～しているのを観察する　※知覚動詞の observe

CHAPTER 3

56

任意倒置 (3) — 第2文型(CVS)の応用
Such is S that ...

Such is the stress of first-year business consultants **that** no less than thirty percent of them quit before they reach their first-year work anniversary.

□ Such is S that ... という形

such a 形容詞 名詞 that ...「それほど形容詞な名詞なので…だ」という形があります（so ～ that ... と同じく「程度・結果」を表します）。さらにこれが，**S is such that ...** という形になることもあります。“such a 形容詞 名詞” が「“such” 1語に集約されたもの」です。

S is such that ... の意味　※この such は代名詞「そういうもの」
- **結果**：「S はとてもすごいもので，その結果…」
- **程度**：「S は…するくらいのものだ」

さらにこれが倒置になることもあります。SVC なので，CVS の順番に入れ替えて，**S is such** that ... → **Such is S** that ... となります。

構文解析

Such is S that ...

Such (C) is (V) the stress (S) [of first-year business consultants] (that no less (s) than thirty percent of them quit (v) (before they (s') reach (v') their first-year (o') work anniversary)).

今回の英文も Such is S that ... の構造です。Such is the stress of ～ that ...「～のストレスはあまりに大きいので，…だ」となります。ちなみに本来の SVC の形は，The stress of ～ is such that ... です。

POINT "such a 名詞" は簡単ですが，such が 1 語で出てくると，少し難しく感じられるかもしれません。Such is S that ... のような形は下線が引かれることもあるので，「SVC の倒置」の観点からしっかり解説していきます。

１年目の経営コンサルタントのストレスはあまりに大きいため，30 パーセントもの人が働いて１年を迎える前に辞めてしまう。

056

that 以下では，**no less than ～「～も多くの」** が使われています。これは熟語として暗記してもいいのですが，本書独自の方法で解説すると，"no 比較級 than ～" は，no が 比較級 と than ～ をそれぞれ否定するイメージを持つと理解しやすいと思います。この場合，no less は「まったく少なくない」→「むしろ多い！」となります（no は逆の意味になるほど強い否定）。次に，no ... than ～ は「～より…であることはない」→「同じ」となります。no less than 30 なら「多い，それは 30 と同じ」→「30 もの」となるのです。

※ no more than ～「～しか」という熟語の場合なら，no more は「(多いの反対で) 少ない」，no ... than ～は「～と同じくらい…」で，no more than 30 は「たった の 30」となります。

CHAPTER 3

＋α to such an extent that ～「～するくらいまで」

such を使った重要表現を１つ追加しておきます（倒置とは関係ないので，余裕があるときにチェックしてください）。to such an extent that ～ という形では，such an extent は「それほどの程度」で，that 以下で「それがどれほどかというと」を表します。これをまとめると，to such an extent that ～ で「～する程度まで，～するくらいまで」という意味になります。

例 The hurricane damaged the homes in the area **to such an extent that** many of them were unrepairable.
ハリケーンによって，その地域の家屋の多くが修復不可能な程度にまで破壊された。　※ unrepairable「修復不可能な」

語句 consultant 名 コンサルタント／ no less than ～ ～も多くの／ quit 動 辞める／ reach 動 達する／ anniversary 名 ～周年 ※必ずしも「祝うべきこと」とは限らない

 57

任意倒置 (4) ― 第3文型 (OSV), 第4文型 (OSVO)

OSV, OSVO

The key to maintaining my motivation I learned only after I started thinking about the process rather than just the result of my efforts.

□ 第3文型の倒置 (SVO → OSV)

SVO の倒置は, **O が文頭に出るだけ**です。SV の順番は変わりません。"SVC → CVS" のように, SVO の左右を入れ替えることはできません (SVO は S ≠ O なので, 左右を入れ替えたら意味が変わりますよね)。

ここで大事なことは, 英文中で "OSV (名詞 SV)" の形を見たら, まず考えるべきは**関係詞の省略** ("名詞 (s)(v)" の形) ということです。たとえば, The man Yuina married を見たら, 次に V を予想するのが普通です。つまり, The man Yuina married works at a bank.「ユイナが結婚した男性は, 銀行で働いている」のような形です。

もし V がないまま文が終われば, そこで初めて**倒置**だと判断します。The man Yuina married.「その男性と, ユイナは結婚したのだ」となります。

"名詞 SV" を見たら…

- **名詞 [(s)(v)] V** → 関係代名詞の省略　※主語が長いだけ
- **名詞 SV** → OSV　※ SVO の倒置

さて, 今回の英文でも, 最初に The key to maintaining my motivation I learned を見たときは, まずは「関係代名詞の省略」を考えるのが「正しい読み方になる確率が高い」わけです。つまり, The key to maintaining my motivation {which} I learned「私が学んだモチベーション維持の秘訣」が主語になり, そのあとに動詞がくると予想すべきなのです。次のように直後に動詞 is があれば, 関係詞の省略だと判断できます。

POINT 第３文型，第４文型の倒置はそれほど問われないのですが，万全を期すためにここで取り上げます。ただし，単にマイナーな形を取り上げるのではなく，特殊な形を通して，とある基本事項を確認していきます。

モチベーション維持の秘訣（ひけつ）を私が学んだのは，単なる努力の結果ではなく，そのプロセスについて考えるようになってからであった。

057

The key to maintaining my motivation {which} I learned is 〜
S V

しかし，今回は The key to maintaining my motivation I learned で文が終わります（直後の only after 〜 は副詞のカタマリで，そのカタマリが終わるとピリオドが出てきてしまいます）。ここで初めて，I learned the key to 〜 の倒置だと判断できるのです。

構文解析

SVO の倒置（OSV）

The key [to maintaining my motivation] I learned (only after I started thinking about the process (rather than 〈just the result of my efforts〉)).
O S V (s) (v) (o)

※元の語順通りに訳すと，「単なる努力の結果ではなく，そのプロセスについて考えるようになって初めて，私はモチベーション維持の秘訣を学んだ」となります。

＋α 第4文型の倒置（SVOO → OSVO）

SVOO の倒置は，２つある O のうち１つが前に出るだけです（第３文型の OSV と同じ発想ですが，同様に関係代名詞の省略にだけ注意してください）。

例 **A necklace I gave her**, not a ring.
ネックレスを彼女にあげたのであって，指輪ではない。

語句 key to -ing 〜する秘訣／ rather than 〜 〜ではなく，〜よりむしろ

CHAPTER 3

58

任意倒置(5) — 第5文型(OSVC ／ SVCO)

make clear O

The hacking of the government servers **made clear** the need for better security measures.

□ 第5文型の倒置(1)　SVOC → OSVC

SVOC の倒置には2パターンありますが，1つ目は **OSVC** の形です。これは SVO や SVOO の倒置と同じ発想で**「O が前に出るだけ」**です。

例 **This dinner I found delicious.**
このディナーについて言えば，私はとてもおいしいと思いましたよ。
※直訳「この晩ご飯を，私はとてもおいしいと思った」／ find OC「O が C だとわかる」

□ 第5文型の倒置(2)　SVOC → SVCO

2つ目の倒置は **SVCO** の形です。SVOC では O=C が成立するので，**O と C の左右を入れ替える**発想です。SVOC をとる動詞（主に使役動詞 make や知覚動詞 find）の直後に「形容詞」がきたら倒置のサインです（本来なら O になる名詞がくるはず）。その形容詞のあとに，独立した名詞がくれば，それが O だと考えます。

今回の英文では，まず make を見たときに「SVOC がくるのでは？」という心の準備が必要です（make を見たら「作る」よりも SVOC を優先的に考える）。make の後ろには名詞がくるはずですが，今回は形容詞 clear がきています。ここで倒置を考えるわけです（make の目的語が単に「形容詞＋名詞」ということもありますが，その場合は簡単なのですぐ気づきます）。

後ろには the need for 〜 がきているので，SVCO だと判断できます。形容詞が the を飛び越えて名詞を修飾することは，普通はないからです（the 形容詞 ＋ 名詞 の語順が普通）。

POINT 第５文型の倒置は２パターンあります。どちらのパターンも今までの倒置と同じ発想が根底にあります。今回の英文ではどこが倒置になっているか考えてみてください。ポイントは「make を見たときの反応」です。

政府サーバーのハッキングによって明らかになったのは，より良いセキュリティ対策の必要性だ。

058

構文解析

The hacking [of the government servers] made clear the need [for better security measures].
(S = The hacking [of the government servers]／V = made／C = clear／O = the need [for better security measures])

SVOC の倒置（SVCO）

S make O clear → S make clear O という倒置になっています。元々は made the need for better security measures clear です。長すぎる O（the need for ～）を後ろに置いて倒置にすることで，バランスの良い英文になり，かつ，O を強調できるわけです。

訳すときは元々の make OC で「ハッキングによって～の必要性が明らかになった」としても，倒置を意識して（make clear をまとめて訳して）「ハッキングによって明らかになったのは～の必要性だ」としても OK です。

補足 「*X* を明確にする」の３パターン ※３つとも意味は同じ

- **基本**：make *X* clear ※ make OC
- **倒置**：make clear *X* ※ make CO
- **仮目的語**：make it clear *X*

例 The teacher **made it clear that** she expected students to do better on the next test.
先生は，次のテストではもっと良い結果を出すよう生徒たちに期待していることを明らかにした。
※ make it clear that (s)(v)「(s)(v) ということを明らかにする」という仮目的語構文（it は仮目的語，that ～ が真目的語）／倒置と仮目的語を混同しないように注意

語句　need for ～ ～の必要性／ security 名 安全性／ measure 名 対策

強制倒置（1）— 副詞が割り込むパターン
Only when ～ VS

Only when she stopped using her smartphone in bed at night **could Nanami get** a good night's sleep.

□ 文頭の否定語→倒置

強制倒置とは**「文頭に否定語がきたら倒置が起きる」**というルールです。

強制倒置の形

文頭の否定語＋倒置
└→ 疑問文と同じ語順（do などを利用することもある）

強制倒置でよく使われる否定語

- **完全否定**　Not ／ Never ／ Little　※倒置で使う Little は「完全否定」の意味
- **準否定語**　Hardly ／ Scarcely「ほとんど～でない」　※「程度」を表す
  Rarely ／ Seldom「めったに～でない」　※「頻度」を表す
- **要注意の否定語**　Only「～しかない」／ Nowhere「どこでも～でない」

例 **Little did he dream** that his son would be a singer.
自分の息子が歌手になるとは，彼は夢にも思わなかった。

□「副詞の割り込み」に注意

Not や Never などだけでなく，**Only「～しかない」**などの要注意の否定語までしっかりチェックしておきましょう。また，強制倒置は例の英文（Little did he dream that ～）のような「否定語の直後に倒置がくる」形だけを習うことが多いのですが，実際には**「否定語の後ろに副詞が割り込む」**ことがよくあるのです。これを踏まえて今回の英文を見てみましょう。

POINT ここからは，もう一種類の倒置である「強制倒置」を扱っていきます。強制倒置自体は文法で習うのですが，ここでは「意外な否定語」や「副詞の割り込み」といった，実践的なパターンの対策をしていきます。

ナナミは，夜にベッドでスマートフォンを使うのをやめて初めて，ぐっすり眠れるようになった。

059

構文解析

文頭の否定語 Only

(Only [when] she stopped using her smartphone (in bed) (at night))
(s) (v) (o)

could Nanami get a good night's sleep.
V S O

倒置！

文頭の否定語（Only）のあとに，副詞節（when she stopped using her smartphone in bed at night）が割り込み，そのあとで倒置（could Nanami）が起きていますね。

このように“[否定語]（[副詞]）VS.”で副詞が長くなると主節のSVを把握できなくなることがあります（could Nanami の語順でパニックになる）。文頭の Only を見て，when ～ を読みながらも「倒置がくるはず」と意識しておけば，could Nanami という変な語順を見たときに「倒置がきた！」と反応できるわけです。

全体の訳は，直訳「彼女は～を使うのをやめたときのみ，ぐっすり眠ることができた」→「彼女は～を使うのをやめて初めて，ぐっすり眠れるようになった」です。

※この Only when[after] ～ VS.「～して初めて SV する」の形は頻出です。

語句　good sleep 十分な睡眠

60

強制倒置(2)― 前置詞句のパターン

Under no circumstances VS.

Under no circumstances is anyone to interrupt the meeting.

□ 前置詞句がくるパターン

Under no circumstances「どんな状況であれ～ない」や, At no time「決して～ない」などは,「前置詞の目的語に否定語がある」→**「前置詞句全体で1つの否定語扱い」**と考えてください(さすがに前置詞の前に no が飛び出ることはありえないので)。その結果, これを「文頭に否定語がある」と考え, 主節では「倒置」が起きます。

構文解析

1つの否定語扱い　be to 構文の倒置!

(Under no circumstances) is(V) anyone(S) to interrupt the meeting(O).

Under no circumstances が1つの否定語扱いで, そのあとに倒置が起きています(is が前に出ている)。is を本来の位置に戻すことで, anyone is to interrupt ～ という形だとわかります。

is to の形は「be to 構文」と呼ばれるものです。be to 構文は「これから～することになっている」という意味で, 今回は「これから誰も会議を邪魔することになっていない」→「誰も会議を邪魔しないこと/誰にも会議を邪魔させてはいけない」という意味になります。

※「これから大事な会議があるので, 途中で邪魔が入らないように, 社長が秘書に(上司が部下に)指示を出している」ような場面です。

□ be to 構文の本質

be to 構文の説明といえば, 数十年前から「予定・意図・義務・可能・運命」という5つの訳し方を習うのが普通になっていますが, ネイティブがそんなことを暗記しているとは思えませんね。

POINT 強制倒置は「文頭に否定語がきたら」というルールですが，厳密に言うと「文頭」でないこともあります。これがどういうパターンなのか，今回の英文で予想してみてください。

どんな事情があっても，誰にもこの会議を邪魔させてはいけない。

060

そもそも be to は直訳「これから～する（to）という状態だ（be）」ですね（to 不定詞は「これから～する」という未来志向があります。だから want や plan は「これから～する」という意味の to 不定詞を伴うのです）。

５つの意味（予定・意図・義務・可能・運命）はすべて**「これから～することになっている」**という訳の中に集約されているわけです。「これから結婚することになっている」とは，「結婚する予定で，結婚する意図があり，結婚しなければならず，結婚でき，結婚する運命」と言えるのです。

必ずしも「５つの訳し方の中で，今回当てはまりそうなのは…」なんて考える必要はありません。まずは「これから～することになっている」で考えてください。もし和訳問題でより自然な和訳が求められたら，そこで初めて５つの意味を考えて，場合によっては「予定の意味を前面に出したほうが今回は自然だな」などと判断すればいいのです。

＋α At no time を使ったパターン

At no time in history was civilization completely at peace. There were always wars and battles going on somewhere in the world, even during so-called times of peace.
歴史上，文明が完全に平和だったことは一度もない。平和な時代と言われたときでさえ，世界のどこかで常に戦争や争いが起きていた。

※全体は「否定」→「主張」の流れで，not *A*. {~~But~~} *B* のパターンとも言える

At no time in history「歴史上，一度も～ない」が１つの否定語扱いで，その後ろで倒置（was civilization）が起きていることを確認してください。

語句　circumstance 名 状況／ interrupt 動 邪魔する，妨げる

CHAPTER 3

1　次の英文は，米国発祥のマクドナルド（McDonald's）が東アジアなど外国に根付いて現地化する様子について述べたものである。これを読んで次の下線部を日本語に訳しなさい。

At first glance, McDonald's appears to be the quintessential multinational, with its own corporate culture developed at Hamburger University in Oak Brook, Illinois. But the president of McDonald's Corporation maintains that his strategy is to become as much a part of local culture as possible and protests when people call McDonald's a multinational. "I like to call us multilocal," he said in 1991. McDonald's goes out of its way to find local suppliers whenever it enters a new market.　（群馬大）

2　次の英文の下線部を日本語に訳しなさい。

One research group in the artificial intelligence field sees the human brain as a computer that can be copied to produce an artificial mind. Others argue that human behavior refuses the strictness of a computer program. At the heart of this discussion lies the truly confusing question facing those who would create artificial intelligence: What does it mean to think? And the further question: Does thinking constitute consciousness?　（日本大・改）

3　次の英文を読んで問いに答えなさい。

Sometimes silence is used as a *response to personal anxiety, shyness, or threats*. You may feel anxious or shy among new people and prefer to remain silent. By remaining silent you exclude the chance of rejection. Only when the silence is broken and an attempt to communicate with another person is made do you risk rejection.

（福島大）

問　人が拒絶される危険を冒すのはどんな場合ですか？

解答・解説　※解答は p.144 の下にあります。

1　45 第 3 文型 (1) — SV that ～（⇒ p.110）

前半は maintains that ～「～と主張する」の形です。maintain の「維持する」という意味しか知らなくても，“SV that ～” の形から「思う，言う」と予測できますね。that 節中は his strategy is to become ～「彼の戦略は～になることだ」という SVC で（文脈から be to 構文ではないと判断），後ろは as ～ as possible「できるだけ～」が使われています。そして and が maintains と protests を結んでいることも意識しましょう。

和訳　一見，マクドナルドはイリノイ州オークブルックのハンバーガー大学で独自の企業文化が培われた，多国籍企業の典型のように見える。（略）「私は我が社をマルチローカルと呼びたい」と彼は 1991 年に述べた。マクドナルドは，新しい市場に参入するときは必ず，わざわざ地元の卸売業者を見つけようとしているのだ。

語句　quintessential 形 典型的な／ multinational 名 多国籍企業／ corporate 形 企業の／ protest 動 抗議する，異議を唱える／ go out of *one's* way to ～　わざわざ～する，～するために尽力する／ supplier 名 卸売業者

参照　15 譲歩→逆接 (1) — 譲歩・逆接の基本パターン（⇒ p.42）：1 文目は At first glance, S appears to ～.「一見，S は～するように見える」で，2 文目の But 以下でそれを否定する典型的な流れです。

2　54 任意倒置 (1) — 第 1 文型（MVS）（⇒ p.128）
55 任意倒置 (2) — 第 2 文型（CVS）（⇒ p.130）
72 まとめ表現 — this の意外な使い方（⇒ p.168）

文頭の At を見て M から文が始まると考えます。そのあとに lies が出るので，第 1 文型の倒置（MVS）と判断します。At the heart of ～ is ...「～の中心にあるのは…だ」という頻出形です（⇒ p.131）。倒置は「元の文の順番」「英語の順番」のどちらで訳しても OK ですが，今回は後者のほうが自然でしょう。

元の順番：
The truly confusing question facing ～ lies at the heart of this discussion.
「～が直面している実にややこしい疑問が，この議論の中心[根底]にある」
英語の順番：
At the heart of this discussion lies the truly confusing question facing ～.
「この議論の中心[根底]にあるのは，～が直面している実にややこしい疑問だ」

1，2 文目の内容を，3 文目で this discussion「この議論」とまとめています（“this + 名詞” の形⇒ p.168）。倒置にすることで，1，2 文目の内容をまとめてから「新情報（the truly confusing question facing ～）」を出し，（コロン以下へと）具体化していくスムーズな流れになるわけです。

和訳　人工知能分野のとある研究グループは，人間の脳を，コピーして人工的な心を作り出せるコンピューターだと考えている。人間の行動はコンピューターのプログラムの厳密さを拒むと主張する人もいる。（略）考えるとはどういうことなのか？　そして，さらなる疑問がある。考えることが意識というものを構成しているのか？

語句　mind 名 精神，心／ strictness 名 厳密さ／ confusing 形 紛らわしい／ face 動 直面させる／ constitute 動 構成する／ consciousness 名 意識

参照　53 第5文型 (3) ― SV *A* as *B*（⇒ p.126）：1文目は see *A* as *B*「AをBとみなす」の形です。V *A* as *B* は原則「AをBとみなす」の意味になるのでしたね。／ 45 第3文型 (1) ― SV that ～（⇒ p.110）：2文目は argue that ～「～と主張する」の形で，これも“SV that ～”の形から推測できます（argue は必須単語ですが）。

3　　59 強制倒置 (1) ― 副詞が割り込むパターン（⇒ p.138）

最終文が“Only when ～ VS”という強制倒置の頻出パターンになっています。文頭の否定語（Only）の後ろに副詞節（when ～）が割り込み，そのあとで倒置（do you risk rejection）が起きているわけです。直訳「沈黙が破られ，他の人とコミュニケーションをとろうとする試みがなされたときのみ，拒絶される危険がある」→「沈黙を破り，他の人とコミュニケーションをとろうと試みるときに初めて～」となります。この部分を設問の「どんな場合ですか？」に合わせて，「～と試みる場合」と解答をまとめればOKです。

※今回のような説明問題では「文末オウム返し」という発想が役立ちます。たとえば「変化について説明せよ」とあれば「～という変化」のように，そのままオウム返しするだけです。

和訳　「個人的な不安や恥ずかしさ，脅威に対する反応」として沈黙が使われることがある。初対面の人の中で不安や恥ずかしさを感じ，黙っていることを好むかもしれない。黙っていることで，拒絶される可能性を排除することができるからだ。沈黙が破られ，他の人とコミュニケーションをとろうと試みるときに初めて，拒絶される危険があるのだ。

語句　anxiety 名 不安／ shyness 名 恥ずかしさ／ threat 名 脅威／ anxious 形 不安な／ exclude 動 排除する／ rejection 名 拒絶／ attempt 名 試み／ risk 動 ～の危険がある

解答　1　しかしマクドナルド社の社長は，自分の戦略はできる限り地元の文化の一部になる［地元の文化に溶け込む］ことだと主張し，マクドナルドが多国籍企業と呼ばれると異議を唱える。

2　この議論の中心［根底］にあるのは，人工知能を作ろうとする人たちが直面している実にややこしい疑問である。

3　沈黙を破り，他の人とコミュニケーションをとろうと試みる場合。

CHAPTER 4

因果表現・イコール表現・その他の重要構文

因果関係を表す表現は，入試において大変重要です。大半の受験生は cause は「引き起こす」，contribute は「貢献する」，attribute は「～（結果）を…（原因）に帰する」といった訳語だけ覚えてしまっているのですが，これでは難しい英文では通用しません。因果表現の正しい考え方を習得していきます。
他にも refer to は「～に言及する」という訳語だけでなく「イコール」の働きが重要で，こういった「イコール表現」もマスターしていきます。
この Chapter では「間違った覚え方をすると使い物にならない／正しく覚えると武器になる」内容を扱っていきます。

因果表現 (1) ― 動詞①

原因 contribute to 結果

Disposal of single-use plastic cutlery **contributes** significantly **to** the city's trash problems.

□ 「原因と結果」を意識する

動詞 cause は「引き起こす」という訳語だけで覚えるのはよくありません。「因果表現（原因・結果を表す表現）」は「原因と結果」を意識することが何よりも重要なのです。そこで，“**原因 cause 結果**”のように押さえてください。S cause O を見たら，“原因 → 結果”のように「右向き矢印（→）」を浮かべるイメージです。

これは他の動詞も同じで，lead to なら，“**原因 lead to 結果**”と考えてください。

例 The popular advertising campaign **led to** an increase in the company's sales.
広告キャンペーンが好評を博したおかげで，会社の売上が伸びた。
※「原因：好評な広告キャンペーン → 結果：売上の伸び」

□ 原因 contribute to 結果

同様に，contribute to ～ も「～に貢献する」という訳語もありますが，まず考えるべきは“**原因 contribute to 結果**”です。

構文解析

原因：廃棄 → 結果：ゴミ問題

Disposal [of single-use plastic cutlery] (S) contributes (significantly) to (V) the city's trash problems. (O)

今回の英文では「原因：廃棄 → 結果：ゴミ問題」という関係です。「廃棄がゴミ問題に貢献する」という日本語訳では不自然ですね。

POINT contributeの意味を聞かれると，大半の受験生が「貢献する」と答えます。それも正解ですが，最初に考えるべき，もっと大事な発想があります。今回の英文を読みながら，どんな発想なのか予想してみてください。

使い捨てのプラスチック製カトラリーの廃棄が，その都市のゴミ問題の大きな原因となっている。

061

※主語 Disposal of 〜「〜の廃棄」は，名詞構文を意識して「〜を廃棄すること」と訳してもOKです（⇒ p.172）。

因果表現（動詞で因果を表すもの）

(1) [原因]によって[結果]になる（[原因]→[結果]）

- [原因] cause [結果]
- [原因] bring about [結果]
- [原因] lead {up} to [結果]
- [原因] contribute to [結果]
- [原因] give rise to [結果]
- [原因] result in [結果]
- [原因] is responsible for [結果]
- [原因] spark {off} [結果]（⇒ p.157）
- [原因] trigger [結果]　※ triggerは本来「（拳銃の）引き金」という意味
- [原因] mean [結果]　※ meanは「〜という結果を生み出す」の意味もある
- [原因] is conducive to [結果]　※ conduciveは形容詞

(2) [結果]は[原因]によるものだ（[結果]←[原因]）

- [結果] result from [原因]
- [結果] come from [原因]
- [結果] arise from [原因]
- [結果] derive[stem] from [原因]
- [結果] is attributable to [原因]　※ attributable ≒ attributed

(3) [結果]を[原因]によるものだと考える（⇒ p.150）

- owe [結果] to [原因]
- attribute [結果] to [原因]
- ascribe [結果] to [原因]
- credit [結果] to [原因]
  ※ credit [原因] with [結果]

語句　disposal 名 廃棄／single-use 形 使い捨ての　※直訳「1回の(single)使用(use)」／cutlery 名 食器類（ナイフ，フォーク，スプーンなど）／significantly 副 大きく

62

因果表現 (2) — 動詞②

結果 is caused by 原因

The decline in in-store sales at Lakeland Mall **is caused by** the growth of online shopping.

□ be caused by ～ でも因果を意識する

"原因 cause 結果" の受動態は "**結果 is caused by 原因**" ですね。「引き起こされる」なんて訳語にこだわらず,「結果 ← 原因」だと意識することが大事です。それがわかれば, 自然に「結果になったのは原因のせいだ」といった訳もできるはずです。

※こういった因果表現は入試で頻繁に狙われます。たとえば, 青山学院大で be triggered by ～ に下線が引かれて, 似た意味を持つ単語として caused を選ぶ問題が出題されています。

特に受動態でよく出るものとして, "**結果 is caused by 原因**", "**結果 is brought about by 原因**", "**結果 is triggered by 原因**" の3つがあります。

構文解析

結果：店頭売上の減少 ← 原因：オンラインショッピングの拡大

The decline [in in-store sales [at Lakeland Mall]] (S) is caused (V) (by the growth [of online shopping]).

構文上は by で切れる（by から副詞句）ですが, is caused by で1つの矢印（←）と考えるイメージです。

ここでも「結果：店頭売上の減少 ← 原因：オンラインショッピングの拡大」と整理できますね。和訳するときはこの関係が表れていることが最重要になります。

POINT cause を「引き起こす」と覚えていると，受動態 be caused by ～で混乱する可能性があります。前回マスターしたように“原因 cause 結果”の受動態と考えて，“結果 is caused by 原因”と判断すればいいわけです。

レイクランドモール(ショッピングモールの名前)での店頭売上が減少しているのは，オンラインショッピングの拡大が原因だ。

062

＋α 動名詞の意味上の主語がつく

今回は因果表現のバリエーションがテーマで，１つ目が「因果表現の受動態」でした。２つ目としてここで取り上げるのが，**「因果表現に“動名詞の意味上の主語”が伴う」**場合です。特に難しいことはないのですが，頻出の割に苦手にしている受験生が多いので，ここで確認しておきましょう。

例 It is precisely job insecurity and financial instability that have resulted in **fewer people getting married** in recent years.
近年，結婚する人がますます減少しているのは，まさに雇用の不安と経済的な不安定さが原因である。※ insecurity「不安」／instability「不安定」

全体は It is precisely *B* that ～「～なのは，まさにＢだ」という強調構文です（⇒ p.59）。そこに，“原因 result in 結果”の形が埋め込まれているわけです。「原因：雇用と経済の不安 → 結果：結婚する人の減少」の関係を意識してください。

そして，結果の部分が fewer people getting married となっています。getting married が前置詞 in の目的語で，その前に動名詞の意味上の主語 fewer people がくっついているわけです。直訳「より少ない人が結婚している」→「結婚する人がますます減っている」となります。

このように，意味上の主語がついた **“原因 result in 意味上の主語 -ing”**「原因によって意味上の主語が -ing する」の形もしっかり意識しておきましょう。

語句 decline in ～における減少，～の減少／in-store 形 店舗での／growth 名 成長，拡大

63

因果表現 (3) ― 動詞③

結果 is attributed to 原因

The recent rise in global temperatures **is attributed to** an increase in carbon levels in the atmosphere.

□ owe の意味は?

p.147 で軽く触れた,“V 結果 to 原因”「結果 を 原因 によるものだと考える」の形をとる因果表現（owe ／ attribute ／ ascribe ／ credit）を詳しく解説していきます。

例　I **owe** my success **to** my loving and supporting wife.
私の成功は私を愛して支えてくれる妻のおかげだ。

owe *A* to *B* は「A があるのは B のおかげ」という訳語で有名なのですが,**“owe 結果 to 原因”** という因果関係を意識すると,「成功が結果で，その原因は妻」だと考えられますね。

※ owe は「take 型」でも扱いました（⇒ p.118）。I owe him ten dollars. は「私は彼から 10 ドルを奪っている」→「私は彼に 10 ドルを借りている」です。これを書き換えると I owe ten dollars to him. で,「10 ドルが結果で，その原因は彼」（10 ドルがあるのは彼のおかげ）ととらえることも可能になり，今回の形に行き着くわけです。

□ 因果表現は「受動態」でもよく使われる

attribute ／ ascribe ／ credit も同様に,“V 結果 to 原因”の関係を意識してください。たとえば,“attribute 結果 to 原因”の受動態を「〜を…に帰せられる」なんて訳すのではなく,**“結果 is attributed to 原因”** の関係で考えれば OK です。

※大阪大の長文で，be credited to 〜 ≒ be attributed to 〜 が問われたこともあります。

POINT attribute は辞書や単語帳には「～(結果)を…(原因)に帰する」と載っていますが，これでは難しい長文の中では一瞬で理解できないかもしれません。これも「因果関係」を意識することで解決していきます。

最近，地球の気温が上昇しているのは，大気中の炭素濃度が上昇していることが原因だと考えられている。

063

構文解析

結果：地球気温の上昇 ← 原因：炭素濃度の上昇

The recent rise [in global temperatures] (S) is attributed (V) (to 〈an increase [in carbon levels in the atmosphere]〉).

構文は上のようになりますが，因果を意識することが大切です（be attributed to で１つの矢印（←）と考えるイメージ）。

※ the recent rise in global temperatures は，名詞構文（⇒ p.174）を意識して「最近，地球の気温が上昇していること」と訳すと自然になります（後ろの an increase in ～ も同様です）。

＋α 結果 is attributable to 原因

動詞につく "-able" は「可能（～できる）」と「受動（～される）」の意味を持つので，attributable は受動の意味を意識して，be attributed to ≒ be attributable to と考えれば因果関係を正確につかめます。

例 The recent decline in home prices **is** largely **attributable to** the rise in interest rates.
最近，住宅価格が下落しているのは，金利の上昇が主な原因だと考えられている。

「結果：住宅価格の下落 ← 主な原因：金利の上昇」という関係ですね。

語句 carbon 名 炭素／level 名 水準，度合い／atmosphere 名 大気

64

因果表現（4）— 因果表現の分詞構文
SV, resulting in ...

The bugs in the airport's check-in software persisted for many weeks, **resulting in** departure delays, passengers missing flights, and general chaos in the airport.

□ SV（原因）, resulting in ...（結果）

「分詞構文の主語は"主節の主語と同じ"なら明示しない」けれども，「"主節の主語と違うとき"はそのまま主語を残す」のが原則です。

例 The rain beginning to fall, Ritsu entered the café.
雨が降り始めたので，リツはそのカフェに入った。　※ The rain を残す

ここまでが分詞構文の基本で，どの参考書でも取り上げられることです。でも実は「主節の主語と違うにもかかわらず，分詞構文の意味上の主語が置かれない」ときもあるのです。それは，**慣用表現／文脈からわかる／「一般の人」が主語**のときなどがあります。

さらに，あまり知られていませんが，分詞構文が後ろにある場合，**「主節の内容（またはその一部）」が意味上の主語になる**ケースもあります。その場合，「主語を置かない（置きようがない）」のです。たとえば，**SV, resulting in ...「SV だ。そしてその結果…になる」**という形は，**前の内容を受けて補足説明**する典型パターンなんです（実は共通テストでも出題されています）。

構文解析

The bugs [in the airport's check-in software] (S) persisted (V) (for many weeks), resulting in 〈departure delays〉, 〈passengers missing flights〉, and 〈general chaos [in the airport]〉.

原因：バグ → 結果：出発の遅れなど

POINT 因果表現は“～, which causes ...”（関係代名詞の非制限用法）や“～, causing ...”（分詞構文）の形でもよく使われます。特に難しいことはないのですが，実は文法的に崩れた形なので，その仕組みを解説します。

空港のチェックイン・ソフトウェアのバグが何週間も続き，その結果，出発の遅れや乗客の乗り遅れが相次ぎ，空港全体が混乱状態に陥った。

064

“原因, resulting in 結果”の関係なので矢印（→）の発想で解決します。「バグが何週間も続いた」ことを受けて，その結果「出発の遅れ，乗り遅れ，混乱状態が起きた」と述べているわけです。

passengers missing flights では，passengers が動名詞の意味上の主語で，「乗客が乗り遅れること」を表します（⇒ p.149）。

「前の文の内容」が分詞構文の主語になる頻出パターン

(1) イコール系

- **SV, meaning ...**「SV だ。そしてそれは…を意味する」
- **SV, showing[indicating] ...**「SV だ。そしてそれは…を示す」

(2) 結果系

- **SV, causing ... ／ SV, leading to ... ／ SV, resulting in ...**「SV だ。そしてその結果…になる」
- **SV, making OC**「SV だ。そしてその結果，O が C になる」
- **SV, casting doubt on ...**「SV だ。そしてそれは…に疑問を投げかける」 ※ cast doubt on ...「…に疑問を投げかける」

※ -ing の前に thus「したがって」，thereby「それによって」が置かれることもあります。

語句 bug 名 バグ，不具合／ persist 動 続く，根強く残る／ general 形 全面的な／ chaos 名 混乱

CHAPTER 4

65

因果表現 (5) ― 前置詞

due in part to ～／due to the fact that ～

Due in part to the emergence of low-cost carriers, vacationing abroad is getting more and more common.

□ due to ～ の後ろは「原因」

due to ～ は「～のため」と訳されることがありますが，これでは「目的」を表す熟語だと勘違いするかもしれません。また,「～の結果」と習うこともありますが，これでは「後ろにくるのが原因なのか結果なのか」がわからなくなる可能性があります。みなさんは,**“due to 原因”「～が原因で」**と押さえてください。

今回は due to ～ の間に in part「部分的に」が割り込んだ形です。**due in part to ～「ある程度には～が原因で，1 つには～が原因で」**というものです。

構文解析

Due in part to 原因, SV. (結果)

(Due (in part) to 〈the emergence of low-cost carriers〉),

vacationing abroad (S) is getting (V) more and more common (C).

Due in part to ～, SV.「ある程度には～が原因で，SV する（結果)」です。この関係をつかむことで，訳語にとらわれることなく,「(一部の) 原因：格安航空会社の登場 → 結果：海外休暇の普及」とスムーズに理解できますね。

＋α due to the fact that ～

due to ～ は「前置詞」扱い (to のあとには名詞がくる) なので，後ろに (s)(v) を置けません。そこで，後ろに the fact that (s)(v) をくっつけて，**due to the fact that (s)(v)**「(s)(v) という事実が原因で」→**「(s)(v) なので」**とすることが

POINT due to ～「～が原因で」は重要熟語なので，問題集などで強調されます。もちろんそれは大切なのですが，実際の長文では due in part to ～ や due to the fact that ～ の形になることもよくあるのです。

一つには格安航空会社の登場が原因で，海外で休暇を過ごすことはますます一般的になってきている。

065

よくあります。この発想は in spite of the fact that ～ と同じです(⇒ p.48)。

※簡単に言えば，"due to the fact that (s)(v) ≒ because (s)(v)" と考えることもできます。

例 **Due to the fact that** the company's database was hacked, employees will not receive their salary deposits on time.
その会社のデータベースがハッキングされたので，従業員たちは予定通りに給料が振り込まれないだろう。
※「原因：ハッキング → 結果：予定通りに給料が振り込まれない」／ deposit「振込」

前置詞で因果を表すもの 「～が原因で」

- because of 原因
- due to 原因
- owing to 原因
- on account of 原因 ※直訳「～という説明（account）に基づいて（on）」
- as a result of 原因 ※原因. As a result, 結果.「原因だ。その結果として結果だ」
- in the wake of 原因 ※ wake は「(船が通ったあとの) 波の跡」で，動詞 wake「眼を覚ます」とは語源が違う単語／難しいが難関大の長文や海外ニュースでは頻出
- by virtue of 原因
- through 原因
- what with *A* and *B* = because of *A* and *B*「A やら B やらで」
- thanks to 原因
- 原因 is behind 結果 ※be behind ～「～の背景にある」→「～の原因である」

語句 emergence 名 登場，出現／ low-cost carrier 格安航空会社（日本でも LCC と呼ばれている）／ vacation 動 休暇を過ごす ※名詞「休暇」もあるが，この動詞用法も重要／ common 形 一般的な，よくある

CHAPTER 4

66

比喩表現（1）— 動詞を使ったもの

fuel concerns

The company's poor financial results **fueled concerns** among employees that many of them would be let go.

□ 動詞の fuel

fuel という単語は名詞「燃料」でおなじみで，fossil fuel「化石燃料」は超頻出です。しかし動詞の用法もあり,「（比喩的に）燃料を足す」→「（感情，憶測などを）**焚**（た）**きつける，煽**（あお）**る，刺激する**」といった意味になります。小さな火に燃料を足して大きくするイメージで，特に「悪いことをより大きくする」場合によく使われます。特に大事なのが，**fuel concerns「懸念を増す」**，**fuel controversy「論争を煽る」**です。

構文解析

原因：業績不振 → 結果：懸念の高まり

The company's poor financial results (S) fueled (V) concerns (O) [among employees] 〈that many of them (s) would be let go (v)〉.

that は同格の that で，concerns を説明しています。最後は，let 人 go「人を会社から離れた所へ行かせる」→「人を解雇する」が，受動態の "人 is let go"「人が解雇される」になった形です。

□ その他の「焚きつける」表現

fuel のような「焚きつける，促す，助長する，刺激する」といった表現をまとめてチェックしておきましょう。比喩的に使われるものが多いので，単語自体はどこかで見たことがあっても，このような意味で覚えてはいない可能性があります。細かいニュアンスや使い方の違いはありますが，まずは「焚きつける」表現としてチェックしてみてください。

POINT fuelは「燃料」という名詞が有名ですが，難関大入試では動詞の用法も出ます。どんな意味になるか予想しながら読んでみてください。

会社の業績不振のため，社員の間で多くの社員が解雇されるのではという懸念が高まった。

066

「焚きつける」表現　※カッコ内は代表的な訳

- **標準**：stimulate（刺激する）／inspire（刺激する，鼓舞する）／motivate（刺激する，やる気にさせる）／encourage（励ます，促す）
- **応用**：fuel（煽る，刺激する）／spark（引き起こす，刺激する）／propel, prompt, drive（促す，駆り立てる）／yield（もたらす）／make for ～（～を促進する，～につながる）
- **発展**：spur（促進する）／ignite（火をつける，奮起させる）／incite（刺激する，駆り立てる）／induce（誘発する）／stir（奮起させる，扇動する）／provoke（怒らせる，引き起こす）／translate into ～（～になる）

たとえばsparkは本来「火花」で，「火花を起こす，～への引き金となる」→「引き起こす，刺激する」となります。fuelに近い感覚で，**spark debate「論争を引き起こす」**，**spark controversy「論争を巻き起こす」**のように使います。また，早稲田大ではfuelに下線が引かれ，これと置き換えられないものをinspire／provoke／allow／stimulateから選ぶ問題も出題されました。

※正解（置き換えられないもの）はallowです。fuel ≒ inspire ≒ provoke ≒ stimulateが問われたわけです。

例　The topic of immigration usually **provokes** emotional reactions in Japan.
移民問題の話題が出ると，日本ではたいてい感情的な反応が起こる。

語句　poor 形 悪い，振るわない／financial results 財務成績

CHAPTER 4

67

比喩表現（2）— 名詞を使ったもの

a key ingredient of success for ～

Excellent communication skills are **a key ingredient of success for** business leaders.

□ 名詞を使った因果表現

前項で扱った fuel「（比喩的に）燃料を足す」→「焚きつける，煽る，刺激する」と同じように，名詞が比喩的に因果関係を表すこともあります。

たとえば ingredient は，the ingredients in this bread「このパンの材料」の意味はなじみがあるかもしれませんが，比喩的に**「（何かを達成するために必要な）要素，欠かせないもの」**という意味でも使えます。**a key ingredient of success for ～** で**「～の成功にとって重要な要素」**となるわけです。以下は「原因・要素：優れたコミュニケーションスキル → 結果：成功」ととらえることもできます。

構文解析

Excellent communication skills (S) are (V) a key ingredient (C) [of success for business leaders].

原因：優れたコミュニケーションスキル → 結果：成功

□ recipe の意味は?

同じく名詞を使った比喩表現として recipe も大切です。「（料理の）レシピ」は簡単ですが，比喩的に **a recipe for ～「～の秘訣，～に必要なもの，～を引き起こすもの」**と使えます。料理の「レシピ」同様，for 以下を作り出すために必要な要素を表すわけです。the recipe for a lasting marriage は「長続きする結婚の秘訣」です。

※英英辞典では，a recipe for ～ が見出しで載っており，cause や result in を使って説明していることもあります。これも一種の因果表現ととらえられるわけです。

POINT ingredient は「成分，材料」，recipe は「レシピ」の意味で有名ですが，どちらも難関大では比喩的な意味でよく出てきます。名詞を使った「比喩」表現を確認していきましょう。

優れたコミュニケーションスキルは，ビジネスリーダーの成功にとって重要な要素だ。

067

例 **The recipe for** a lasting marriage includes love, mutual respect, and the patience to work through challenges.
結婚生活を長続きさせる秘訣は，愛，相互に尊敬し合うこと，困難を乗り越える忍耐力だ。
※ lasting「長続きする」／marriage「結婚」／include は「イコール」関係をつくる働き（⇒ p.162）／mutual「相互の」／respect「尊敬，尊重」／patience「忍耐力」／work through ～「～に取り組む，～を乗り越える」／challenge「困難」

＋α 難関大で出る be a {key} catalyst in -ing

難しい例として **catalyst**「触媒（他の物質の化学反応を促進する物質）」があります。化学，医療系の英文ではこの元々の意味で出ますが，比喩的に**「促進するもの，引き起こすもの」**という意味でもよく使われます。

ほとんどの単語帳に載っていないとは思いますが，早稲田大や慶應大の長文では語句注なしで普通に出ていますので，難関大志望者はぜひチェックしておきましょう。以下は「原因：コロナの大流行 → 結果：リモートワークの導入」という関係です。

例 The outbreak of the COVID-19 pandemic has been a key **catalyst** in companies adopting remote work policies.
COVID-19（新型コロナウイルス感染症）が世界的に大流行したことが，企業がリモートワーク制度を導入する大きなきっかけとなった。
※ outbreak「大流行，発生」／a key catalyst in 意味上の主語 -ing「意味上の主語が～する重要なきっかけ」／adopt「採用する」

語句 key 形 重要な（⇒ p.68）／ingredient 名 要素，欠かせないもの

CHAPTER 4

68

決定要因の表現 ― 原因・決定要因を見抜く
S depend on O／the extent to which ～

The amount of money travelers can save **depends on the extent to which** their travel dates are flexible.

□ depend on ～ の意味

depend on ～ は「～に頼る」だけでなく，**S depend on O** の形で**「S かどうかは O 次第だ」**という意味が超重要です。訳し方は他に「S は O によって決まる」「S は O に左右される」などもあります（すべて同じことを表すので，無理に 3 つ覚える必要はありませんが，英作文で「左右される」と見たときに反応できるようにしておくと便利です）。

“結果 depend on 原因・決定要因” という関係になります。今回の英文でも，「～に頼る」ではなく「～次第だ」と考える必要があります。

構文解析

結果：節約できる金額 ← 決定要因：旅行日程の柔軟性

The amount of money (S) [travelers can save ϕ] depends on (V) 〈the extent (O) [to which their travel dates (s) are (v) flexible (c)]〉.

□ 「疑問詞変換」という便利な発想

the extent to which ～ では，the extent「程度」を後ろから to which ～（前置詞＋関係代名詞）が修飾しています。次に意味ですが，the extent to which ～ の直訳は「～する程度」となります。ただしこれでは意味がとりにくいので，ここで**「疑問詞変換」**という発想を使ってみてください（この用語自体はオリジナル用語です）。これは「場所」→「どこに」のように**名詞を疑問詞に置き換える**ことで，より自然な日本語にする発想です。今回は**「程度」→「どれくらい，どの程度」（the extent to which ～ → how much ～）**

POINT　depend on ～ は「～に頼る」という訳語ばかりが有名ですが，実際の長文では他の意味で使われるほうが多いと思ってください。どんな意味になるのか，予想しながら読んでみましょう。

旅行者が節約できる金額は，旅行日程がどれくらい柔軟であるかによって異なる。

068

というイメージで考えればOKです。

the extent to which their travel dates are flexible
（△）旅行日程が柔軟である，その程度
（◎）旅行日程がどれくらい柔軟か

□ 英作文，文法問題での出題例

(1) 与えられた語句を用いて，8語の英文にしなさい。
それは見方による。［depends ／ you ／ look ／ it］　（早稲田大）

(2) 次の英文の空所に入る最も適切な選択肢を選びなさい。
Your degree of success in your business and social relationships will depend on the extent (　　　) which you can communicate effectively.
1. by　2. in　3. of　4. on　5. to　（中央大）

(1)（解答 It depends on how you look at it.）
※日本文「見方による」→「それは君がどのように見るかによる」と考えればOKです。

(2)（解答 5）ビジネスや社会的な関係がどれくらいうまくいくかは，どれほど効果的にコミュニケーションがとれるかどうかにかかっている。

69

イコール表現 (1) — イコール関係を見抜く

S refer to O

In economics, gross national product (GNP) **refers to** the value of all goods and services produced by a country's citizens, regardless of whether they do so domestically or abroad.

□「イコール」関係をつくる重要表現

mean という動詞は「意味する」と訳されますが，実際には S mean O で **"S = O" というイコール関係**を意識して，「S とはつまり O ですよ」と考えれば OK です。

このような「イコール」の意味になる動詞はたくさんありますが，困ったことになぜか別の訳語で習うのです。その訳語は間違いではありませんが，長文ではまず「イコール」を考えてみてください。

イコール表現

	よく示される訳語	重要なイメージ
be	～である	「イコール」を意識
mean	～を意味する	
refer to	～に言及する	
involve	～を含む，巻き込む	オーバーに言えば 「イコール」と考える
include	～を含む	
constitute	～を構成する	
represent	～を代表する	
show	～を示す	
signify	～を示す，意味する	

たとえば involve は厳密にはイコールではありませんが，**イコールと意識する**ことが大事です。「受験には精神力が含まれるぞ」と言えば，「受験 = 精神力」と解釈したほうが主張がよりリアルになるからです。

POINT refer to 〜 の意味は「〜に言及する」と覚えている人が多いでしょうが，実際の長文では別の意味でもよく使われます。どんな意味になるのか，予想しながら英文を読んでみてください。

経済学では，国民総生産（GNP）は，国内外を問わず，国民が生み出したすべての商品とサービスの価値を指す。

069

□ refer toは「用語の定義」に使われる

refer toは「言及する，参照する」という訳語で有名ですが，今回の英文では「イコール」の働きを意識してみてください。

構文解析

イコールを表す

(In economics), gross national product (GNP) refers to the value [of all goods and services produced (by a country's citizens)], (regardless of 〈whether they do so domestically or abroad〉).

S: gross national product (GNP) / V: refers to / O: the value [of all goods and services produced (by a country's citizens)]

「GNP」=「国民が生み出したすべての商品とサービスの価値」ということですね。このようにrefer toは「用語の定義」でよく使われるのです。

＋α represent も "S = O" の関係をつくる

例 The Philippines produces roughly 6 million tons of bananas per year. This **represents** just over 5 percent of worldwide banana production.
フィリピンは年間およそ600万トンのバナナを生産している。これは，世界のバナナ生産量のたった5％強にすぎない。
※「This（フィリピンのバナナの年間生産量）」=「世界のバナナ生産量の5％強」というイコール関係／ roughly「約，およそ」／ worldwide「世界の」／ production「生産」

語句 economics 名 経済学／ gross 形 総計の／ domestically 副 国内で ※本文の they do so domestically は「国民が自国内で商品やサービスを生み出す」ことを表す

CHAPTER 4

CHAPTER 4 70

イコール表現（2）— mean の使い方

SV, which means ～

These are copyrighted images, **which means** that they cannot be used in our publication unless we are granted permission to do so.

□ 非制限用法 which の特殊用法

SV, which means ～ という形は**「SV だ。それはつまり～だ」**という意味の頻出表現です。“～, which ...”の形は関係代名詞の非制限用法で，直前の「文または文の一部」を先行詞にすることができるものです。

SV, which means ～ を直訳すると「SV だ。そしてそのことは～を意味する」となり，mean の「イコール」の意味を意識すると「SV だ。つまり～だ」と考えられるわけです。その点を意識して英文を読んでみてください。

構文解析

イコール関係

These (S) are (V) copyrighted images (C), [which means 〈that they (s) cannot be used (v) (in our publication) (unless we (s') are granted (v') permission (o') [to do so])〉].

These are copyrighted images, which means ～ は，「これらは著作権で保護されている画像だ。そしてそのことは～を意味する」→「これらの画像は著作権で保護されている。それはつまり～ということだ」となります。

※ mean は因果の意味もあるので，「SV なので～だ」と考えることもできます（⇒ p.147）。

また，unless 節では grant 人 物「人に物（許可）を与える」の受動態で，「人が物を与えられる」と考えればOKです（⇒ p.114）。unless we are granted permission to do so「私たちがそうする（＝当社の出版物に使用する）許可を与えられない限り」ということです。

POINT イコール表現の代表格である mean は，関係代名詞と一緒に登場することがよくあります。いちいち日本語に訳さなくても瞬時に意味がとれるようにしておくべき頻出フレーズを確認しましょう。

これらの画像は著作権で保護されています。つまり，許可がない限り当社の出版物に使用することはできないということです。

070

発展事項ですが，非制限用法 which からの文は**「独立した1つの文」**になることもあります。つまり SV, which means ～ を，SV. と Which means ～という2つの文に区切れるわけです。今回の英文で言えば，These are copyrighted images. Which means that ～. となります。別に意味は変わりませんし難しくはないのですが，「こういうことがある」と知らないと本番で焦ると思うので，この機会に確認しておきましょう。

※文法的には崩れた形なので，文法書や問題集で説明されることはほとんどありませんが，実際にはよく使われます（この独立した which の英文は 2023 年度の共通テストにも出ており，しかも解答の根拠となる英文だったのです）。

補足 SV, meaning ～ のパターン

SV, meaning ～（分詞構文を使った形）も，SV, which means ～（関係代名詞を使った形）と同じ意味だと考えて OK です。これは「前の文の内容を受ける分詞構文」です（⇒ p.153）。

例 The museum is all the way on the other side of town, **meaning** that it's too far to walk from here.
その美術館は町の反対側の遠いところにあり，ここから歩くには遠すぎます。
※ all the way「はるばる，遠いところに」

語句 copyrighted 形 著作権で保護された／ image 名 画像／ publication 名 出版物／ unless 接 ～しない限り／ grant 人 物 人に物（許可）を与える

CHAPTER 4

定義表現 — mean *A* by *B*

By *B*, S mean *A*

By inking, artists **mean** going over pencil drawings with an ink pen to finalize the drawing. In business, however, inking a deal means signing it with an ink pen to finalize it.

□ By *B*, S mean *A*「B とは，S に言わせれば A のことだ」

元々は，S mean *A* by *B* が基本形です。イコール表現での mean は，S mean O で「S=O」となりますが，この形では違います（今から解説しますが，結論としては B=A になります)。まずは意味ですが，S mean *A* by *B* は，直訳「S は，B によって（B という言葉を使って）A を意味する」→「S は，B は A だと意味する」となります。つまりここでは「S の意図するところでは，B=A だ」ということなのです。次は形です。S mean *A* by *B* から，by *B* が先頭に移動すると，**By *B*, S mean *A*** となります。これを英語の順番通りに訳すと**「B とは，S に言わせれば A のことだ」**となるわけです。この By *B*, S mean *A* は「S の立場から B を定義する」ときによく使われます。**「S にとって“B=A”なんだ」**と意識してください。

構文解析

By *B*, S mean *A*

(By inking), artists[S] mean[V] going over pencil drawings (with an ink pen) (to finalize the drawing)[O]. (In business), however, inking a deal[S] means[V] signing it (with an ink pen) (to finalize it)[O].

By inking, artists mean ～ では「芸術家の立場からすると，inking とは～だ」と定義しています。そして 2 文目では「ビジネスにおける inking a deal」を定義しています（ここでの mean はイコール表現)。立場や場面によって inking の意味が異なることを示しているわけです。

POINT 前項は「イコール表現」としての mean を解説しましたが，もちろん最初に覚えたであろう「意味する，意図する」が活躍する場面もあります。特に「ある前置詞とセットのとき」が重要です。

芸術家からすると，inking（ペン入れ）とは鉛筆で描いた素描をインクペンで引き直して絵の仕上げをすることだ。しかし，ビジネスでは inking a deal（契約を結ぶこと）はインクペンで署名して契約を結ぶことを表す。

071

※ささいなことに見えますが，こういった用語の定義は長文読解で非常に重要です。また，関係代名詞を使った By which, I mean ～「それによって，私は～を意味しています」→「つまり～ということだ」の形もよく出ます。

□ 会話で便利な What do you mean by ○○？

mean *A* by *B* で，*A* が疑問詞 what に変わると，**What do you mean by *B*?** の形になります。直訳「B によって何を意味しますか？」→**「B とはどういう意味ですか？」**です。日常会話で相手が知らない単語を使ったとき（もしくは知っているけどその意図がわからないとき）に，What do you mean by ○○？ と使える便利な表現です。共通テストのリスニングでも出題されています。

※相手の発言を受けて，What do you mean by that?「それってどういう意味？」と使うこともあります。また，長文の設問で What does the author mean by ～?「著者は～で何を意味しているのか（～で言いたいことは何か）？」もよく使われます。

mean の語法の整理

(1) S mean O「S は O だ」 ※イコール表現／O は[名詞]／-ing／that 節など／"[原因] mean [結果]" という因果関係を表すこともある（⇒ p.147）

(2) S mean *A* by *B* ／ By *B*, S mean *A* 「B とは S に言わせれば A だ」

(3) mean to [原形] 「～するつもりだ」 ※不定詞の重要表現

語句　go over 繰り返す／drawing 名 素描，デッサン／finalize 動 仕上げる，完成させる／deal 名 契約

72

まとめ表現 — this の意外な使い方

this + 名詞

What doesn't kill you makes you stronger. **This proverb** that tells us to be resilient is a translation of something written by the German philosopher, Friedrich Nietzsche.

□ "this + 名詞" は「まとめ」の働き

英語の書き手は，ちょっとした「まとめ」をしたいときは，**"this + 名詞"** の形を使います。何かしら説明をして，そこまでの**内容をいったん整理**するときにこの形を使うのです。「ここまでの話をまとめると，この名詞になります。さて，次の展開に進みますよ」という合図とも言えるのです。

this の後ろの「名詞」は，そこまでの内容を一語にギュッと凝縮した単語が使われます。ということは，英文を読んでいて "this + 名詞" が出てきたら，以下のように考えることができるのです。

"this + 名詞" を見たら… ※"these + 名詞"，"such + 名詞" も似た発想

- **原則**：直前の内容の「まとめ」と考える！　※いったんまとめて，次の展開へ
- **処理①**：名詞を知っている→「前の内容をまとめたのがその名詞」と判断

※たとえば難しい内容が続いていても，this experiment「この実験」があれば，その長々とした内容は experiment「実験」のことだとわかる。

- **処理②**：名詞を知らない→「今言ったこのこと」と判断して読む

※どうせ「まとめ」なので，後ろに難しい単語がきても「(まとめると) 今言ったこのこと」と考えれば，文意をつかむことができる。

"this + 名詞" が出てくるたびに「ここまではこういう話」とまとめることで，頭への定着度が格段に変わり「前の内容を忘れちゃう」という悩みも

POINT 「長文を読んでいるうちに前の内容を忘れてしまう」という悩みをよく聞きますが，だいたい「段落ごとにメモしよう」としか言われないでしょう。でも実は“this + 名詞”に注目するのが本書で教える必殺技なんです。

死にそうになるほどの苦労を乗り越えれば強くなる。私たちに困難から早く立ち直るよう教えてくれるこのことわざは，ドイツの哲学者フリードリヒ・ニーチェが書いたものを翻訳したものだ。

072

激減するはずです。また，入試問題で“this + 名詞”が解答のキーになることはものすごく多いのです。

□ 1文目がわからなくても“this + 名詞”に注目すればOK

This proverb から１文目は「ことわざ」だとわかる！

構文解析

What doesn't kill you (S) makes (V) you (O) stronger (C). This proverb (S) [that tells us to be resilient] is (V) a translation (C) [of something [written by the German philosopher, Friedrich Nietzsche]].

１文目は決まり文句（ことわざ）ですが，受験生は知らないのが普通でしょう。ただし，２文目の **This proverb「このことわざ」に注目すれば，１文目が「ことわざ」だとわかる**のです（ことわざなら，なんか訳しにくいのも納得できますよね）。また，proverb の意味を知らない場合は「今言ったこのことは」と読み進めればOKです。

ちなみにそのことわざは，直訳「あなたを殺さないものはあなたを強くする」→「（殺さないが）死にそうになる程度のものは，あなたを強くする」→「死にそうになるほどの苦労を乗り越えれば強くなる」という意味です。

語句　resilient 形 回復力のある，立ち直りが早い ※近年注目が集まっている語で，これからの入試でますます重要になっていくはずです／philosopher 名 哲学者

73

前提表現 ― the case を使った頻出表現

As is often the case with ～／Such being the case

As is often the case with smartphones, the battery on my new Opal 10 phone doesn't last very long.

□ case と関係代名詞 as に注目

As is often the case with ～, SV. ／ As is usual with ～, SV.「～によくあることだが, SV だ」という熟語があります。the は「共通認識」を表し，the case で「誰もが共通認識できるケース（場合）」→「実情，真実」となるのでしたね（⇒ p.30）。be often the case with ～ は「～に関して（with）よくあるケース，実情だ」→「～によくあることだ」です。

そして，関係代名詞 which は非制限用法で「文（または文の一部）を先行詞にできる」のですが（⇒ p.164），同じ使い方が関係代名詞 as にもあります。

SV, as is often the case with ～.
「SV だが，その SV ということは，～によくある」

この場合，as の先行詞は「前の文」です。ただし（which と違って）as は「文頭に移動可能」という特権があるため，As is often the case with ～, SV.「～によくあることだが，SV だ」の形でよく使われるわけです。

構文解析

as is often the case with ～「～によくあることだが」

(As is often the case with smartphones), the battery [on my new Opal 10 phone] (S) doesn't last (V) (very long).

※ as is ～ は厳密には形容詞節ですが，実際は副詞節のように使われるため，（ ）を使っています。

POINT 文法の勉強で as is often the case with ～ や Such being the case という熟語を習います。丸暗記でその場をしのいでしまいがちですが，両者に共通する case の意味から紐解(ひもと)いていきましょう。

スマホにはよくあることだが，私が新しく購入した Opal 10（スマホの機種名）のバッテリーはあまり長持ちしない。

073

□ 原因. Such[That] being the case, 結果

the case を使った表現として，**Such being the case「そういうわけで」**も大切です。元々は As such is the case が分詞構文になったもので，Such being the case「そういうことが実情なので」→「そういう実情なら，そういうわけで」という慣用表現として使われます。

※ such は分詞構文の意味上の主語です（あまり習いませんが，that でも OK です）。

例 I took my smartphone to the shop to be repaired yesterday. **Such being the case**, you won't be able to call me for about a week.
昨日，修理のためにスマホを店に持っていった。そういうわけで，1週間くらいは電話はできないよ（つながらないよ）。

今回は「理由・原因：修理のためにスマホを持っていった → 結果：1週間電話できない」という関係になっています。"**原因. Such[That] being the case, 結果**" と意識してください。

この表現はいろいろな場面で問われます。早稲田大の文法問題でも狙われましたし，國學院大では長文中の That being the case に下線が引かれ，似た意味を持つ単語として Consequently「その結果」を選ぶ問題が出ています（consequently も大事な因果表現です）。さらに英検準1級のリスニングで，That being the case, ～ が使われたこともあるのです。

語句 last 動 持ちこたえる，長持ちする

74

名詞構文（1）— v′という考え方

所有格 v′ of ～

Maggie's description of her stolen bicycle helped the police locate it for her.

□ 名詞構文を処理する手順

和訳が硬いときは名詞構文を探してみてください。**名詞構文**とは**「動詞の名詞形」**を使った形で，本書ではv′と表記して，以下のように考えます。

(1) v′を見つける

「動詞派生の名詞」を見つけたら，v′と考えます。「～すること」をつけても自然な名詞はv′です。たとえばignoranceは「無視」と訳されますが，「無視することと」でも自然ですね。

※一方，factを「事実すること」では意味不明なので，これはv′ではありません。普通に「事実」と直訳すべきものです。

(2) 格関係を考える（主にofが使われる）

v′の直後にはofが使われることが多いです。このof（“v′ + of ～”の形）は「格関係のof」と呼ばれ，「主格のof」と「目的格のof」に分かれます。

格関係のof

- **主格のof**：v′の主語を示す／主語っぽく「～が」と訳すと自然になる
- **目的格のof**：v′の目的語を示す／目的語っぽく「～を」と訳すと自然になる

※自動詞派生のv′のあとなら主格，他動詞派生のv′なら目的格になることが多いのですが，最終的には意味判断です。要はofを「が」と「を」で訳してみれば簡単に判断できます。

□ “所有格 v′ of ～”の形

所有格が格関係を表すこともあります。s′もo′も表すことができるので，

POINT 和訳で「どうも不自然な日本語になる」とか「単語は調べたけどいまいち意味がハッキリしない」という悩みはよくあります。「国語力が足りない」と言われがちですが，実は原因の大半は「名詞構文」にあるのです。

マギーが盗まれた自分の自転車について説明したこともあり，警察はそれを見つけることができた。

074

これも文脈判断なのですが，“所有格 v′ of 〜”の形になった場合は，必ず**「所有格は s′，of 〜は o′を表す」**という暗黙のルールがあります。そのままSVOで訳すイメージです（裏を返せば，SVOの文が名詞に凝縮された形が“所有格 v′ of 〜”とも言えます）。たとえば，his love of stories を直訳「彼の物語の愛」とするのではなく，his を s′，love を v′，of 〜を o′と考え，「彼が物語を大好きなこと」と訳してほしいのです。

構文解析

Maggie's description [of her stolen bicycle] helped the police locate it (for her).
(Maggie's description [of her stolen bicycle] = S, helped = V, the police = O, locate = C; 所有格 v′ of 〜)

今回の英文でも，Maggie's description of her stolen bicycle の部分は，Maggie's が s′，description が v′，of を o′と考えます（description は動詞 describe「説明する」の名詞形です）。訳は「盗まれた自転車のマギーの説明」でも悪くはないのですが，ここは「マギーが盗まれた自分の自転車を説明したこと」と考えたいところです。

※今回は単語が簡単なので直訳でも不自然ではありませんが，難関大の難しい英文を想定して，今のうちに名詞構文をマスターしておいてください。また，description は「描写」以外に「説明」と訳すと自然になることが多いです。

全体は，“S help 人 {to} 原形”の形です（to はよく省略される）。直訳は「S は人が〜することを助ける」ですが，SVOC なので「S によって人は〜するのを助けられる／S の助けで人は〜する」と訳すときれいになります（help は日本語上に表しにくい）。

語句　description 名 説明／locate 動 見つける

CHAPTER 4

名詞構文 (2) — of 以外の前置詞
Failure to ～

Failure to fasten your seatbelt may result in serious injuries in the case of an accident.

□ of 以外が続く場合 (その1)　of 以外の前置詞

v′ のあとは「格関係の of」が多いのですが，主格では **by** ～ が使われることもあります（by は受動態で「動作主」を表すので，これはすぐに気づけますよ）。ちなみにリンカーンのセリフ government of the people, by the people, for the people「人民の人民による人民のための政治」も，見方を変えて government を v′ と考えると（動詞 govern「統治する」), of the people が o′, by the people が s′ になります（for the people は M′）。ここから「人民を人民が人民のために統治すること」とも解釈できるのです。

o′ の場合，of が使われるのは，単純に他動詞だったものが名詞化したときです。他動詞は元々，前置詞不要なので特に相性が良い前置詞もなく，of が使われます。たとえば explain ～「～を説明する」が名詞化すると，explanation of ～「～を説明すること」となります。

一方，熟語動詞（前置詞とペアで 1 つの動詞）では，相性が良い前置詞を「キープする」わけです。たとえば，depend on ～「～に頼る」が名詞化すると，dependence **on** ～「～に頼ること」と，**on** をキープします。

□ of 以外が続く場合 (その2)　to 不定詞

元々，to 不定詞を伴う動詞が v′ になったときも **to** をそのままキープします。たとえば動詞 fail to ～「～しない」が名詞化すると，**failure to** ～「～しないこと」になるわけです。それを意識して本文を見てみましょう。

構文解析

Failure to ～「～しないこと」

Failure [to fasten your seatbelt] (S) may result in (V) serious injuries (O) (in the case of an accident).

原因 result in 結果

POINT v′の直後にはofがくることが多いのですが，それ以外のパターンもあります。v′のあとにきた語句をどう考えるのかを今回の英文で学んでいきましょう。まずはどこにv′があるかを探してみてください。

シートベルトを締めないと，事故の際に重傷を負う可能性があります。

075

Failure to fasten your seatbelt は「シートベルトを締めないこと」です（your は「人々全般」を表す総称用法）。全体は「原因：シートベルトを締めないこと→結果：事故の際に重傷を負うかも」です。

□ of 以外が続く場合（その3） 同格の that

V that ～ の形で動詞が名詞化するときは，**接続詞 that** をキープします（その場合の that は「同格」の用法）。たとえば，believe that ～「～と信じる」が名詞化すると，belief that ～「～だと信じること，信じられていること」となります。この場合，v′のあとにきた that（同格の that）を o′と考えるときれいに訳せます。たとえば，his belief that the earth is flat なら「彼が地球は平らだと信じていること」です。

＋α v′の前にくる「形容詞」は「副詞扱い」をする

「形容詞＋名詞」で名詞を v′と考える場合，「名詞→動詞扱い」なので，それを修飾する形容詞は「形容詞→副詞扱い」となります。たとえば，**the mere thought of ～ の形容詞 mere は副詞のように「単に」**と訳せます。

例 **The mere thought of** presenting in front of the board of directors made Hinata nervous.
取締役会の前で発表することを考えただけで，ヒナタは緊張した。
※ the mere thought of ～「単に～について考えること」(形容詞＋v′＋目的格の of ～)／present「発表する」／board of directors「取締役会」／全体は S make OC「S によって O は C になる」

語句 fasten 動 締める／serious 形 深刻な／injury 名 負傷

CHAPTER 4

76

名詞構文(3) ― 形式動詞

have developed a liking for ～

Mr. Park **has developed a liking for** cycling.

□「形式動詞」という考え方

v′を「動詞っぽく訳す」ことの大切さを解説してきましたが，よくよく考えてみるとv′はあくまで形式上は「名詞」です。たとえば，SVOのOにv′がきたときは，(v′の前にある本来の）動詞はv′に意味の中心を奪われます。これを「形だけの動詞」ということで「形式動詞」と呼びたいと思います。つまり**SVOがSV＋v′**の場合，**Vを形式動詞**と考えるわけです。実はこの発想は，熟語で使われています。take a look「見る」という熟語では，名詞lookがv′で，これを「見る（こと)」と訳し，形式動詞takeは無視しますよね。

例 Can you **take a look** at the computer? It's not working.
ちょっとパソコン見てくれる？　調子が悪くて。

□ 形式動詞の訳し方3パターン

(1) **無色透明の形式動詞** → 形式動詞を完全無視する
(2) **ニュアンスを持つ形式動詞** → 形式動詞を副詞のニュアンスで訳す
(3) **否定の意味を持つ形式動詞** → 形式動詞を「否定・マイナス」で訳す

take a look「見る」では形式動詞takeを完全に無視してOKでしたが，(2)のように形式動詞が何かしらの含みやニュアンスを持つ場合には少し注意が必要です。この代表的な動詞がdevelopです。

形式動詞　v′
Mr. Park (S) has developed (V) a liking (O) [for cycling].

POINT 名詞構文の最後は「形式動詞」という考え方です。まずはv′を探すところは同じなので，今回の英文でもv′を見つけて，次にどう訳すと自然になるのかを考えてみてください。

パークさんは，ますますサイクリングが好きになってきた。

076

liking「好み」がv′ですね。動詞っぽく「好き･好む」と訳します。forは「方向性」を表す前置詞なので，「好きなものに向く気持ちの方向」です。つまりlikeの目的語を示すので，cyclingをo′と考えればOKです。(likingに動詞の意味を奪われた) developedは形式動詞なので，無視してもOKなのです。

とはいえ，**develop**はまったく無色透明というわけではなく「どんどん広がっていく」イメージがあるので**「ますます，徐々に，だんだんと」**のような訳語をつけ足して「ますます好きになってきた」と訳せれば完璧なのです（現在完了形という時制も考慮します)。

※以上を踏まえると，構文解析とは違って，実質は以下のように考えます。

Mr. Park has developed a liking for cycling.
（has developed：形式動詞(M′)　a liking：V′　for cycling：O′）

また，(3)「否定の意味を持つ形式動詞」は，形式動詞が**lose**，**lack**，**end**などの場合です。さすがにこれを無視すると意味が真逆になるので**「否定・マイナス」**のニュアンスで訳します。具体的には，v′に「notをつけて否定文にする」もしくは，v′に「やめる，へらす，間違って(～する)」などをつけ足すだけなので簡単です。

たとえば，lack the ability to ～ の場合，直訳「～する能力に欠ける」でも悪くないのですが，the ability to ～ をまとめてv′と考えます(⇒ p.174)。形式動詞lackはnotのニュアンスで「～ない」とすれば，lack the ability to ～ は「～することができない」と訳せるのです。

語句　liking 名 好み

接続詞 as の判別 (1) — 比例

As [人] age, SV.

As children **age**, they spend more time with their friends and less time with their family.

□ as を見たらまずは「品詞」を考える

品詞	形	意味	備考
副詞	as ～ as ... の前半の as	「…と同じくらい～」	後半の as は接続詞
前置詞	as [名詞]	「～として」 「～のとき」	大半が「～として」の意味
接続詞	従属接続詞（As (s)(v), SV.）	「～しながら」など	判別法を意識する
関係代名詞	先行詞に the same ／ such などがつくとき	なし ※修飾する「働き」	疑似関係代名詞と呼ばれる
その他	熟語をつくる as など	例：such *A* as *B* 「B のような A」	品詞分析より意味を覚えれば OK

as の品詞はたくさんありますが，特に**前置詞**（“as [名詞]”の形）と**接続詞**(As (s)(v), SV. ／ SV as (s)(v).）を意識することが大事です。接続詞にはたくさんの意味があるので，ここが一番大事です。

接続詞 as の意味

(1) 入試で特に問われるもの

① **比例**「～するにつれて」　② **様態**「～するのと同じように」

③ **譲歩**「～だけれども」　④ **名詞限定**「～のような」

(2) その他　※長文では出てくるが，設問で問われることはほぼない

① **比較**「～と同じくらい」　② **時**「～するとき，～しながら」

③ **理由**「～なので」

※本書では (1) の４つを，今回から３項に分けて取り上げていきます。

□ 比例「～するにつれて」

“As (s)(v), SV.” の中に「変化」を示す単語（**比較級，変化動詞，移動動詞**）

POINT asにはたくさんの「訳し方」があるので，ついそれに意識が奪われがちですが，まずはasの「品詞」を判別することが先です。常にasの品詞を考える習慣をつけてみてください。

子どもは年齢が上がるにつれて，友達と過ごす時間が増え，家族と過ごす時間が少なくなるものだ。

077

があれば，まずは「比例のas（〜するにつれて）」だと考えてみてください。

「比例のas」の識別方法 ※以下の「変化のある単語」に注目
- **比較級**
- **変化動詞**「〜になる／変わる」
  become，grow，turn，get「〜になる」／change，vary「変わる」など
- **移動動詞**（場所の変化）
  go「行く」／pass「過ぎる」／increase「増える」／rise「上がる」／climb「登る」／appear「現れる」など

※英文中で「どれか1つでもOK，どこにあってもOK（as節中でも主節でも）」

今回は“As (s)(v), SV.”の形なので，このasは「接続詞」です。**age**は名詞「年齢」が有名ですが，ここでは**「年をとる」という変化動詞**です（CMなどでも「アンチ・エイジング」=「反・年をとること」と使われていますね）。

構文解析

「比例」のas　変化動詞　比較級

(As children(s) age(v)), they(S) spend(V) more time(O) (with their friends) and

比較級

less time(O) (with their family).

age「年をとる」が「変化動詞」，さらに主節には「比較級（moreとless）」があるので，このasは「比例（〜するにつれて）」だと判断できます。

ちなみに，“As 人 age, SV.”「人が年をとるにつれてSVする」は，共通テストや早稲田大などさまざまな大学で出ている頻出パターンです。

CHAPTER 4

78

接続詞 as の判別（2）— 様態

Much as (s)(v), SV.

Much as Japanese cuisine almost always includes rice or noodles, French meals are almost always served with some kind of bread or potatoes.

□ 様態「～するのと同じように」

as が様態の意味（As (s)(v), SV.「(s)(v) と同じように，SV だ」）で使われる場合，as 節と主節は「同じような意味」になるはずです。その場合，**代動詞**を使ったり，**省略**が起きたりすることもよくあります。これを逆手に取ると，以下のような識別方法ができあがります。

「様態の as」の識別方法

- **似た表現の繰り返し**
- **代動詞**（do / does / did）
- **省略**　※反復による省略／(s)(v) の省略／慣用表現での省略／認識系，伝達系動詞のときの省略など

例　**As you said**, we should get rid of that old fax machine.
君の言った通り，あの古い FAX 機は処分すべきだね。

as you said「あなたが言ったように」などでは，様態の as と認識・伝達動詞（admit，say，explain など）がセットで使われます。これは「言った内容」と「(これから伝える) 主節の内容」が重複しており，発言内容自体（say のあとにくる that ～）が省略されています。

□「様態」の明示

そもそも as にはたくさんの意味があるので，ときには使い手が「これは

POINT 今回の as は「様態」です。単に意味を確認するだけでなく,「どうやって判別するのか」を明確に示していきます。

日本料理には，ほぼ必ず米または麺が入っているのとほとんど同じように，フランス料理は必ずと言っていいほど何らかの種類のパンまたはジャガイモを添えて出される。

078

様態の as ですよ」と合図を出すこともあります。

「様態の as」の明示
- Just as (s)(v), SV.「(s)(v) するのとちょうど同じように，SV だ」
- Much as (s)(v), SV.「(s)(v) するのとだいたい同じように，SV だ」
- As (s)(v), so SV.「(s)(v) するのと同じように，SV だ」

※ Just as (s)(v), so SV. となることも多い

今回の英文でも，Much as (s)(v), SV.「(s)(v) するのとだいたい同じように，SV だ」の形になっています。

構文解析

Much as (s)(v), SV.「(s)(v) するのとだいたい同じように，SV だ」

(Much as Japanese cuisine (almost always) includes rice or noodles), French meals are (almost always) served (with some kind of bread or potatoes).

(Japanese cuisine = (s), includes = (v), rice or noodles = (o), French meals = S, are served = V)

内容自体も「日本料理には～が含まれる／フランス料理は～を添えて出される」と,「似た内容」になっていますね。

語句 cuisine 名 料理／ include 動 含む／ meal 名 食事／ serve 動（飲食物を）出す

CHAPTER 4

接続詞 as の判別 (3) ― 譲歩, 名詞限定
X as (s)(v), SV.／名詞 as (s) know it

Lifetime employment, **as** Japanese workers **knew it** during the bubble economy, is becoming rarer.

□ 特殊な形 (その1)　譲歩「～だけれども」

「譲歩の as」は不自然な語順になるので識別は簡単です。以下の**特殊な形**になるときは**「譲歩の as」**だと考えてください。

「譲歩の as」の識別方法 (形から判断する)

X as (s)(v), SV.「(s)(v) は X だけれども，SV だ」

※ *X* が前に飛び出たイメージ／まれに「順接 (なので)」になることもあるので最終的には文脈判断だが，入試問題で狙われるのはほぼすべてが「譲歩」の意味

例 **Old as it is**, the DVD player still works perfectly.
その DVD プレーヤーは古いが，まだ何の問題もなく動く。

□ 特殊な形 (その2)　名詞限定「～のような」

文字通り「名詞を限定する」用法で，名詞を修飾します (形容詞的な働き)。本来「従属接続詞は副詞節をつくる」のが鉄則ですが，この as は**「従属接続詞ながら名詞を修飾する」**という，きわめて特殊なものです。ただし実際の長文では (ニュースでも) よく見かけます。

これは関係代名詞 as とは違います。もし関係代名詞なら「後ろが不完全」になるはずですが，この名詞限定の as は接続詞なので必ず**「完全」**な形になります。

「名詞限定の as」の識別方法

● **as 節中に「代名詞 (it など)」がある**　※その代名詞は「as 直前の名詞」を指す

POINT 今回は2つの意味を扱います。中堅大では「譲歩」，難関大になると「名詞限定」の意味がよく狙われますが，どちらも「特殊な形になる」という共通点があります。何が特殊なのか考えながら読んでみてください。

日本の労働者がバブル経済のときに知っていた終身雇用制度は，今はますます珍しくなってきている。

079

as 節中の“(s) + be”は省略されることが多い。その結果，“as 形容詞”や“as *p.p.*”の形になる ※この形では as 節中の「代名詞」も一緒に省略される

かなり詳しく説明しましたが，実際には“**名詞 as we know it**”**「我々が知っている名詞」**の形で使われることがすごく多いです。単に名詞を使うときは，その名詞の「一般的な意味」を表しますが，そのあとに as we know it をつけることで「我々が知っている範囲に限定する」役割があります。

※もちろん we が他の主語に変わったり，know の時制が変わったりすることもあります。

名詞 as (s) know it「(s) が知っている名詞」

構文解析

Lifetime employment (S), [as Japanese workers (s) knew (v) it (o) (during the bubble economy)], is becoming (V) rarer (C).

Lifetime employment「終身雇用制度」という名詞のあとに，as Japanese workers knew it during ~ をつけて名詞の意味を限定しているわけです（it は Lifetime employment を指す）。

参考までに，さらに深く解説すると，名詞限定の as は**「ある名詞の一面を切り取って説明する」**感覚があります。上の英文で言えば，国や時代によってさまざまな終身雇用制度がありますが，その中で「(日本の労働者がバブル経済のときに認識していた）終身雇用制度」だと伝えているのです。

語句 lifetime employment 終身雇用／ bubble economy バブル経済／ rare 形 珍しい

CHAPTER 4

特別な従属接続詞 — 左 → 右に意味をとる接続詞
SV until at last ～

He tried every password he could think of **until at last** he entered the right one and was able to access his account.

□ 従属接続詞の鉄則が崩れる

SV until (s)(v). の形は「(s)(v) するまで SV だ」と訳すのが鉄則です。つまり，「従属節（ここでは until 節）→ 主節」の順で訳すわけです。

しかし，until を含む一部の接続詞は「主節→従属節」の順で訳したほうが自然になることがあります。**until なら「SV だ。そしてついに (s)(v) だ」**と考えることができるのです。

until のこの意味は割と有名なので聞いたことがある受験生もいるでしょうが，誤解が横行しているのでそこは修正しておいてください。その誤解とは，「この意味の until は "～, until at last ..." という形で使われる」というものです。確かにその傾向が強いのですが，絶対ではありません。

「コンマなし，at last なし」でも使えることがほとんどです（明らかに文意に合わない場合は「～まで」という考えに戻せばいいだけです）。今回の英文でも，at last はありますが，コンマはありません。でも「そしてついに」式で考えたほうが意味がリアルに伝わります。

SV until at last (s)(v)「SV だ。そしてついに (s)(v) だ」

構文解析

He (S) tried (V) every password (O) [he could think of ϕ] (until (at last) he (s) entered (v) the right one (o) and was able to access (v) his account (o)).

原則通り「アクセスできるまでパスワードを試した」でも問題ないのですが，前から（主節から）意味をとってみてください。すると「試した。そしてついにアクセスできた」と考えることができますね。

POINT until「～まで」には，長文で便利な読み方があります。until だけでなく，when や before にも同じ発想があります。今回の英文の until を「時系列」をヒントに考えてみてください。

彼は思いつく限りのパスワードを試し，ついに正しいパスワードを入力して，自分のアカウントにアクセスすることができた。

080

この発想が優れている点は2つあります。1つは，英文を前から後ろに(左から右に）読めるので，返り読みせず，「読むスピードが上がる」ことです。

もう1つは「英文の重点がわかる」ことです。従属接続詞から訳すと最後に「パスワードを試した」がきて，ここに意味の重点がきてしまいます。しかし左から右に意味をとると「正しいパスワードを入れて，アクセスできた」という点に重点を置くことができるのです（英文の主張を正しく表現できるとも言えます)。

左 → 右に意味をとる接続詞 ※あえてコンマなしで載せます

- **SV while[whereas] (s)(v)**「SV だ。一方で (s)(v) だ」
- **SV until (s)(v)**「SV だ。そしてついに (s)(v) だ」
  ※ until at last や until finally となることも多い
- **SV though (s)(v)**「SV だ。まあ (s)(v) なんだけれども」
- **S was -ing[was about to ～] when (s)(v)**「～していた［～しそうな］そのときに (s)(v) だ」 ※ be about to ～「まさに～するところだ」
- **S [had *p.p.*] when (s) [過去形]**「[had *p.p.*] したら，そのときに [過去形] だ」
- **SV before (s)(v)**「SV だ。そして (s)(v) だ」 ※直訳「(s)(v) する前に SV だ」→「先に SV，あとに (s)(v)」なので before を「そして」と訳せる

例 I was just about to text you **when** you called.
ちょうどメール（テキストメッセージ）を送ろうとしていたときに，君から電話があったんだ。 ※ text「テキストメッセージを送る」

語句 think of ～ ～を思いつく／enter 動 入力する／access 動 アクセスする

CHAPTER 4

81

特殊な第1文型 — SV + S の説明
The fact remains that ～

Many schools in the United States use metal detectors and employ security guards but **the fact remains that** violence in schools remains unacceptably high.

□ “SV + S の説明” というパターン

「長い主語は後ろまわし」という考えは仮主語構文として必ず習います。たとえば，To read this book is difficult. なら，長い主語（To read this book）を後ろまわしにして，空いた主語の空白を It で埋める発想です（It is difficult to read this book.）。

こういった場合は「主語が“丸ごと”後ろに移動する」わけですが，実際には「**“主語を説明する部分だけ”を後ろに移動**する」こともよくあります。実はこの発想，「関係副詞」で出てくる有名な例文で使われています。

例 The day will come **when** people stop driving cars altogether.
人間が車を完全に運転しなくなる日がくるだろう。※ altogether「完全に」

文法の授業では「関係副詞 when の先行詞は少し離れた The day です」と習いますが，これは単に「先行詞が離れている」というだけで済ませてはいけません。というのも，実は長文でよく出るパターンとして**「長い主語で，主語を説明する部分だけを後ろまわしにできる」**というルールがあるからです。本来は長い主語の形でしたが（The day [when people stop ～] will come.），[修飾部分]だけを後ろにまわしたのが上の英文なのです。

□ よく使われる The fact remains that ～

remain は第 2 文型（SVC）で使われるとき，C には形容詞がくるのが基本です。しかし，but 以下の the fact remains that ～ では，remain の直後に that 節がきているので，絶対に SVC ではありませんね。

POINT The day will come when ～「～する日が来るだろう」は知っていても，The fact remains that ～ になると苦労する受験生が多いです。実は両方とも「主語の説明を後ろまわし」という発想から理解できます。

米国では多くの学校が金属探知機を使用し，警備員を雇っているが，学校での暴力は依然として容認できないほど多いのが実情だ。

081

構文解析

Many schools [in the United States] use metal detectors and employ security guards but the fact remains 〈that violence [in schools] remains (unacceptably) high〉.

(Many schools: S / use: V / metal detectors: O / employ: V / security guards: O / the fact: S / remains: V / violence: (s) / remains: (v) / (unacceptably) high: (c))

the fact remains that ～「～という事実が残っている」

元々は The fact that ～ remains.「～という事実が残っている」の形でした。remain は「残っている」という第1文型です（SV that ～「～と思う，言う」の形ではないので，この remain は覚えておかないといけません）。ただ，これだとあまりに S が頭でっかちでバランスが悪いので，S の説明をしている that ～ を後ろに移動するわけです。

〈the fact〉(S) [that violence in schools ～] remains(V).
※同格の that　　後ろに移動
〈the fact〉(S) remains(V) [that violence in schools ～].
S の説明

ですから，元々の The fact [that violence in schools remains unacceptably high] remains. のつもりで，「学校での暴力が容認できないほど多いという事実が残っている」と考えれば OK なのです。

※同格の that 節内は，remain 形容詞「～のままでいる」という SVC です。remain は「残っている」（第1文型），「～のままでいる」（第2文型）の2つの語法をこの英文で確認してください。

語句　metal detector 金属探知機／ unacceptably 副 容認できないほど

CHAPTER 4

82

副詞の同格用法 — 副詞（句）を2つ並べる

back in the 1960s

We didn't have smartphones **back in the 1960s**. However, these days it seems that almost everyone has one. Some people even have two or more.

□ 副詞の「同格」用法

よく「英語の文章は抽象→具体の流れで書かれる」と説明されます。まずは漠然とした内容を述べてから，そのあとに詳しく説明していく流れです。

実はこの発想は長文に限らず，１つの英文の中でも起こる現象なのです。**「漠然とした副詞」→「すぐに具体的な表現」**と並べることがよくあります。

たとえば，"here in 場所" という形では，まず漠然と「ここ」と言っておいて，そのあとで "in 場所" で具体的な場所を示す感覚です。here in Tokyo を，（×）「東京のここで（都内の一部の場所）」と考えてはいけません。実際には，**here = in Tokyo** の関係で，**「(ここ) 東京で」**という意味になるのです。

副詞（句）を２つ同じように並べることから，**「副詞の同格用法」**と呼びたいと思います。

※この用法はささいなことだからか，明確に説明される機会がほとんどないかと思いますが，入試でも頻繁に出てきますし，将来ニュースでも耳にするはずですので覚えておきましょう。

例 It's 11 degrees below zero **here in Sapporo**.
ここ札幌では，現在の気温はマイナス 11 度です。

「時間」に関しても副詞の同格用法はよく使われます。back in 2022「(過去の) 2022 年では」という表現であれば，まず「漠然と過去に意識を向ける副詞（back)」を出して，そのあとに「どれくらい過去なのかを詳しく述べる（in 2022)」流れです。

POINT here in Tokyo を訳すとき「東京のここで」としたら間違いなのです。これは，back in the 1960s でも同じです。これがどういう意味になるのかを考えながら読んでみてください。

1960 年代には，スマートフォンは存在しなかった。しかし，最近ではほとんどの人がスマートフォンを持っているようだ。2 台以上持っている人もいるほどだ。

082

構文解析

過去　現在！

We (S) didn't have (V) smartphones (O) (back in the 1960s). However, (these days) it seems [that] almost everyone (S) has (V) one (O). Some people (S) even have (V) two or more (O).

back in the 1960s は，「昔の話に戻って（back），それはつまり 1960 年代に（in the 1960s）」ということです。ただしこの発想は日本語にないため，訳すときは（最初の漠然とした副詞を無視して）単に「1960 年代に」で OK です。

※ the 1960s は「1960 年代」という意味です。「1960 ～ 1969 年という特定の年が複数ある」という感覚から，特定の the と複数の s が使われます。

ちなみに，back in the 1960s と these days で「過去と現在の対比」になっていますね（今回は However があるので対比自体はわかりやすいのですが）。また，3 文目では even を使って「似た内容を反復」しています（⇒ p.90）。厳密に言えば，より極端な例を挙げるわけですが，反復表現として非常に大切です。

語句　It seems that ～　～するようだ

1　次の英文の下線部を日本語に訳しなさい。

Ships are also responsible for a significant share of air pollution. <u>About 15% of premature deaths associated with air pollution from transportation are attributed to shipping.</u> Air pollution from shipping causes roughly 60,000 premature deaths annually, especially in coastal and urban areas near major ports.　（立命館大・改）

2　次の英文を読んで問いに答えなさい。

The Industrial Revolution <u>refers to</u> a time of significant changes in the methods of production and the products produced. Coal, iron and the steam engine were three important elements in this revolution. It is often said that the birthplace of the Industrial Revolution was at Ironbridge in Shropshire early in the eighteenth century. It was in this place that the process of melting iron with coal was developed.

（中京大）

問　本文の下線部に最も近い意味の語を，1 ～ 4 の中から 1 つ選びなさい。

1. upgrades　2. takes to　3. continues　4. means

3　次の英文を読んで問いに答えなさい。

Some people have thought that children learn their first language by imitating* what their parents say. That is, children were thought to learn their first language gradually, by listening to what their parents say to them and by imitating it. <u>However, this assumption has been questioned for various reasons.</u> For example, ～（略）The fact that children are capable of constantly creating new sentences immediately casts doubt on the assumption that children learn their first language by imitation.　（高知大）

（注）imitate ～＝～をまねる

問　下線部について，this assumption とはどのような仮定か，説明しなさい。

解答・解説 ※解答は p.192 の下にあります。

1　　63 因果表現 (3) ― 動詞③ (⇒ p.150)

About 15% of premature deaths associated with ～「～に関連した早期死亡の約 15%」が S です（premature deaths を associated with ～ が後ろから修飾）。V 部分の are attributed to ～ を「～に帰せられる」なんて訳すのではなく，"attribute 結果 to 原因" の受動態で "結果 is attributed to 原因" と考えれば OK です。つまり「結果：早期死亡の約15% ← 原因：船による輸送」という因果関係を和訳に反映させることが重要です。

※ shipping は船に限らず「出荷，配送」の意味もありますが，ここでは 1 文目の Ships や 3 文目の coastal and urban areas near major ports から「船の輸送」だと判断できます。

和訳　また，船も大気汚染の大きな割合を担っている。（略）船輸送による大気汚染は，特に主要港に近い沿岸部や都市部で，年間およそ 6 万人の早期死亡を引き起こしているのだ。

語句　significant 形 かなりの／share 名 割合／air pollution　大気汚染／premature death　早死に，早期死亡／associated with ～　～と関連して／transportation 名 交通機関，輸送／roughly 副 約，およそ／annually 副 年間／coastal 形 沿岸の／urban 形 都市の

参照　61 因果表現 (1) ― 動詞① (⇒ p.146)：1 文目の be responsible for ～，3 文目の cause はどちらも "原因 → 結果" の因果関係をつくります。今回の短い文章の中に重要な因果表現が 3 つも詰め込まれていたのです。

2　　69 イコール表現 (1) ― イコール関係を見抜く (⇒ p.162)

refer to ～ は「～に言及する」の意味が有名ですが，「イコール」関係をつくる働きも重要です（「用語の定義」によく使われます）。今回も「産業革命」＝「生産方法と生産される製品が大きく変化した時代」というイコール関係をつくっているので，同じくイコールを表す **4. means** が正解です。

和訳　産業革命とは，生産方法と生産される製品が大きく変化した時代を指す。石炭，鉄，蒸気機関は，この革命の重要な 3 つの要素であった。産業革命の発祥の地は，18 世紀初頭のシュロップシャー州アイアンブリッジだとよく言われている。まさにこの地で，石炭を使って鉄を溶かす方法が開発されたのだ［石炭を使って鉄を溶かす方法が開発されたのは，まさにこの場所であった］。

語句　industrial revolution　産業革命／significant 形 大幅な／method 名 方法／production 名 生産／coal 名 石炭／iron 名 鉄／steam engine　蒸気機関／element 名 要素／birthplace 名 発祥の地

参照　22 強調構文を見抜く (4) ― 品詞による即断パターン (⇒ p.60)：最終文 It was in this place that ～ は "It was 副詞 that ..." の形なので「強調構文」だと即断できます（in this place は副詞のカタマリです）。／72 まとめ表現 ― this の意外な使い方

(⇒ p.168)：直前の文の Ironbridge in Shropshire という場所を this place「この場所」とまとめています。

3　72 まとめ表現 — this の意外な使い方（⇒ p.168）

下線部の this assumption「この仮定」は "this + 名詞" の形で，直前の内容をまとめていると考えます。この前から assumption「仮定，思い込み」を探すと，1 文目 Some people have thought that ～ の that 節の内容が「思い込み」だとわかります。さらに 2 文目も That is, children were thought to ～ と続いており，この内容も「思い込み」だと判断できます（that is「つまり」を使って 1 文目を言い換えています）。問は「どのような仮定か」なので，文末オウム返し（⇒ p.144）の発想で「～という仮定」とまとめれば OK です。

和訳　子どもは親が話すことをまねることで第一言語を習得すると考えてきた人もいる。つまり，子どもは親が自分たちに言うことを聞き，それをまねることによって，徐々に第一言語を習得すると考えられてきたのだ。しかし，この仮定はさまざまな理由から疑問視されている。たとえば，～（略）。子どもが常に新しい文章を瞬時に作り出すことができるという事実によって，子どもがまねによって第一言語を学ぶという仮定に疑問が投げかけられている。

語句　question 動 疑問視する／ be capable of -ing ～できる／ constantly 副 常に，何度も／ immediately 副 瞬時に／ cast doubt on ～ ～に疑問を投げかける，～を疑問視する／ imitation 名 まね

参照　06 過去と現在の対比 (3) — 時間で対比を表す（⇒ p.24）／ 08 一般論の否定 (2) — 反論・異論表現（⇒ p.28）：全体は 1，2 文目で「思い込み（一般論）」を説明し，3 文目 However, this assumption has been questioned for various reasons. でそれを否定して「主張」を展開する典型的な流れです。Some people have thought ～ や S was thought to ～ は「一般論」を示す際に，question the assumption は「一般論を否定して主張を述べる」際によく使われるわけです。

※最終文の cast doubt on ～「～に疑問を投げかける，～を疑問視する」も一般論を否定する際によく使われます。2 文目で「過去形」，3 文目で「現在完了形」，最終文で「現在形」が使われているのも対比のヒントになります。

解答　1　交通機関による大気汚染に関連した早期死亡の約 15% は船による輸送が原因だと考えられている。

2　4

3　子どもは親が自分たちに言うこと [親からかけられる言葉] を聞き，それをまねることによって，徐々に第一言語を習得するという仮定。

CHAPTER 5

さまざまな
長文での重要表現

広告文での「予約・申込」で重要な “make a reservation in advance”,「実験・研究」で多用される “研究 conducted by ～ shed new light on ...”, ビジネスでよく使われる “We regret to inform you that ～ ” など，普段の勉強では手が回らない特殊な英文で使われる頻出表現をマスターしていきます。

共通テストや入試では TOEIC テストにそっくりな問題が出ますが，本書の著者陣は TOEIC テスト 990 点満点を取得しており，入試を超えた英語まで徹底的に研究した成果をこの Chapter に詰め込んでいます。いよいよ最後の Chapter です。気を抜かずに取り組み，本書を完成させていってください。

83

旅行・交通 ― 渋滞表現

be stuck in a traffic jam

Ron, I'm sorry I'm late for our meeting, but **I'm stuck in a traffic jam**. I'm still coming, but I expect to be about 20 minutes late.

□ stick は「棒で突き刺す」イメージ

stick は本来「棒（スティック）」で，動詞は「（棒で）突き刺す」→「突き刺して動けなくする」と考えてみてください。**be stuck in a traffic jam** で直訳「渋滞で動けなくさせられる」→**「渋滞にハマっている」**となります。

※この stuck は過去分詞です（stick-stuck-stuck という変化）。また，jam「渋滞」は「混ざったもの」で，「ジャムセッション」がわかればその混ざったイメージです。

リスニングでも重要なので，stuck の「スタック」という音をしっかり意識しておいてください。

be stuck in a traffic jam「渋滞にハマっている」

構文解析

Ron, I'm(S V) sorry(C) ({that} I'm(s)(v) late for our meeting(o)), but I'm stuck(S V) (in a traffic jam). I'm(S V) (still) coming, but I(S) expect to be(V) about 20 minutes late(C).

2文目の I'm still coming では，come 本来の「中心に向かう」イメージから「行くべき所に向かう，相手がいる所に向かう」という意味で come が使われています（訳は「行く」）。

※逆に go は「中心から離れる」イメージです。中心から離れるので「悪い状態への変化」にもよく使われます。

I expect to be about 20 minutes late「20分くらい遅れそうだよ」では，about 20 minutes が late を修飾しています。単に late だけだと

POINT 今回は会話，リスニングで頻出の be stuck in a traffic jam を扱います(海外で仕事をすれば将来も使うと思います)。じっくり考えたい人は辞書で動詞 stick を調べながら取り組んでもいいでしょう。

ロン，会議に遅れて申し訳ないんだけど，渋滞に巻き込まれちゃったんだ。向かっている途中だけど，20 分くらい遅れそうだよ。

083

「どれくらい遅れるか」が不明なので，直前に about 20 minutes をつけて「範囲を限定」しているわけです（⇒ p.210）。

□「渋滞」関連の表現

「渋滞」関連の語句は，「交通情報，旅行の広告」で使われるだけでなく，「渋滞解消のために在宅勤務を推奨する／自動運転により渋滞が解消される／渋滞は無駄に燃料を使うので環境に悪い」など，長文でも出てきます。

渋滞関連表現

- a traffic jam，traffic congestion「交通渋滞」
- The road is congested.「道路が渋滞している」
- {The} Traffic is heavy[light].「交通量が多い［少ない］」
- The street is busy.「通りに人や車が多い」
- at a busy intersection「交通量の多い交差点で」

busy は「ガヤガヤとやかましい」イメージの単語です。「人や車でやかましい」→「にぎやかな，人や車が多い」の意味をしっかりチェックしてください。

※ちなみに，busy には「電話中でやかましい」→「(電話が) 話し中で」の意味もあります（例：The line is busy.「話し中です」)。

例 A café faces a **busy** street.
カフェは人通りの多い道に面している。 ※ face「～に面している」

語句 traffic jam 交通渋滞／ expect to ～ ～する見込みだ

84

広告・宣伝 — 典型パターンを理解する

Look no further than ～

Looking for advice on how to eliminate inefficiencies in your business and make it more profitable? **Look no further than** Abe's Advisors.

□ 広告・宣伝の典型パターン

疑問文には「テーマの提示，修辞疑問文」の役割がありましたが（⇒ p.98, 100），広告・宣伝の英文ではちょっと変わった使われ方をします。広告・宣伝では疑問文「～を探していませんか？」と呼びかけ，そのあとに「ならば，うちの商品がオススメ」という流れがよくあります。

※この疑問文も，広く「テーマの提示」とは言えますが。

共通テスト（リーディング）でもこのパターンが出ています。

> Getting ready for college? Do you need some home appliances or electronics, but don't want to spend too much money?
> 大学の準備は進んでいますか？　家電や電化製品が必要だけど，あまりお金をかけたくないと思っていますか？　（共通テスト）
>
> ※1文目は，Are you getting ready for college? の Are you を省略した形です。

□ Look no further than ～「～で決まり」

no further than ～は“no 比較級 than ～”の形なので，no further「全然遠くない」→「近く」，no ... than ～「～と同じくらい…」と考えます（⇒ p.133 で使った発想）。ここから「～と同じくらい近く」→「(探さなくても）すぐ近くに」となります。これに Look がついて，「(他の商品を探さなくても）～という，すぐ近くを見て」→**「～だけ見ればいい，～で決まり」**となるのです。

POINT 日本のCMでもそうですが，CMの宣伝文にはある程度決まったパターンがあります。英語にもパターンがあるので，その典型的な流れを知っておくことで，広告・宣伝の英文が圧倒的に理解しやすくなります。

ビジネスの非効率性を排除し，より利益を上げる方法についてアドバイスをお探しですか？　それならアベ・アドバイザーズにお任せください。

084

構文解析

「疑問文」で始まる典型パターン

{Are you} Looking for advice [on how to eliminate inefficiencies [in your business] and make it more profitable]? Look (no further (than Abe's Advisors)).

(you = S, Looking for = V, advice = O, Look = V)

Look no further than ～ で宣伝

「○○をお探しですか？」→「うちの商品がベスト」という流れです。

補足 furtherを使った「問い合わせ」表現

今回出てきたfurtherは他にも重要表現で使われています。For further information about ～ で，直訳「～に関するさらなる情報のために」→「～に関する詳細な情報については」となります。

※ furtherの代わりにmoreやadditional「追加の」でも同じ意味になります。

例 **For further information about** Sunrise Insurance, and for a free estimate on auto insurance, visit our Web site at www.sunriseinsurance.com.

サンライズ保険の詳細と自動車保険の無料見積もりにつきましては，当社ウェブサイトのwww.sunriseinsurance.comをご覧ください。

※ insurance「保険」／estimate「見積もり」／auto「自動車」

語句　advice on ～　～についてのアドバイス ※ onは「意識の接触（～について）」／eliminate 動 排除する／inefficiency 名 非効率性／profitable 形 利益になる

イベント（1）— 予約・申込①

make a reservation well in advance

As the bus tour of Kyoto is extremely popular in August, we encourage you to **make your reservations well in advance** of your intended travel dates.

□ 副詞 right の「強調」用法

right という単語は名詞「右，権利」という意味でおなじみですが，副詞で**「場所，時間を強調する**働き」があります（訳としては「すごく」くらいですが，あくまで強調の働きと思ってください）。これは身近な熟語でも使われています。right now「今すぐ」や right here「まさにここで」は，right がそれぞれ now と here を強調しています。これを強く意識していないと，本番で right here を見たときに，「ここの右側」かなという勘違いが起こることもあるのです。さらに，right in the middle of ～「～のド真ん中に」という形も頻出です。「場所（ド真ん中に）」にも「時間（真っ最中に）」にも使えます。

例 Jason was **right in the middle of** taking a shower when his phone rang.
ジェイソンがシャワーを浴びている真っ最中に電話が鳴った。
※ S was ～ when (s)(v)「～しているそのときに (s)(v) だ」（左→右に意味をとる接続詞 ⇒ p.185）／直訳は「電話が鳴ったとき，ジェイソンはシャワーを浴びている真っ最中だった」

□「強調」の well

well にも「強調」の働きがあります。well が in advance「前もって」を強調して，**well in advance「十分前もって，かなり早めに」**となります。

構文解析
(As the bus tour [of Kyoto] is extremely popular (in August)),
(s) the bus tour / (v) is / (c) extremely popular
we encourage you to make your reservations (well in advance of your
S we / V encourage / O you / C to make your reservations
well in advance of ～「～より十分前もって」

POINT イベント広告などの英文では，普段の勉強では見慣れない表現がたくさん出てきます。今回の well は「上手に」ではありません。どんな役割があるのか予想してみてください。

8月の京都バスツアーは非常に人気ですので，ご旅行予定日よりも十分に余裕をもってご予約されることをお勧めします。

085

intended travel dates).

全体は As (s)(v), SV.「(s)(v) なので SV する」の形です。主節は encourage 人 to ～「人に～するよう勧める」の形です。

こういったツアーやイベントの宣伝では **make a reservation well in advance「十分前もって予約する」** が頻繁に使われます。

※中央大の正誤問題で，well in advance の well に下線が引かれて，使い方が正しいかどうかが問われたことがあります（当然この well は正しい使い方です）。あまり強調されませんが，文法問題でも意外とよくポイントになりますよ。

+α way にも「強調」の働きがある

way「道，方法」にも，副詞で **「ずっと，はるかに」** という強調の用法があります。特に「(イベントや工事の) 予定」に関する英文では，**way behind schedule「予定よりかなり遅れて」** という表現が頻出です。

例 Construction work on the Garfield Tunnel is **way behind schedule** due to some last-minute design changes.
ガーフィールド・トンネルの建設工事は，何度か直前で設計が変更されたため，予定よりかなり遅れている。
※ construction work「建設工事」／ due to ～「～が原因で」／ last-minute「直前の」

語句 as ～ 接 ～なので／ extremely 副 非常に／
encourage 人 to ～ 人に～するよう勧める／ intended 形 予定の，計画した

イベント(2) — 予約・申込②

on a first-come, first-served basis

Seats are available **on a first-come, first-served basis**, so you are encouraged to come early to get the best view of the stage.

□ on a first-come, first-served basis の成り立ち

まず(on a と basis を除いた) **First come, first served.「先着順」**という表現を理解しましょう。本来は, {The} First {person to} come, {will be the} first {person} served. という形で,「最初に来る人が,最初にサーブされる(対応される・食べ物を出される)人になる」→「先着順,早い者勝ち」となりました。

※ serve は「仕える,対応する,飲食物を出す」などの意味があります。

次に, **on a 〜 basis** は直訳「〜というベースに基づいて」→ **「〜の基準で」**です(例:on a monthly basis「ひと月(つき)という基準で」→「月ごとに,毎月」)。以上の2つの熟語を組み合わせると, **on a first-come, first-served basis**「先着順という基準で」→ **「先着順で」**となるわけです。

※ハイフンなしで, on a first come, first served basis としても OK です。

構文解析

「先着順」と伝える

Seats (S) are (V) available (C) (on a first-come, first-served basis), so you (S) are (V) encouraged to come early (to get the best view of the stage).

この英文には「広告」での重要表現が他に2つあります。1つは available「利用できる」です(他に「都合がつく,手が空いている」などの意味も重要)。もう1つは you are encouraged to 〜 で,直訳「あなたは〜することを勧められている」→「ぜひ〜してください」です。

POINT 今回は，on a first-come, first-served basis という表現がポイントです。この表現の文字通りの意味を考えたうえで，今回の英文での意味を文脈から予想してみてください。

座席は先着順となっておりますので，ステージが最もよく見える席からご覧になるにはお早めにお越しください。

086

実際の出題例で確認

次の空所に入る最も適切な選択肢を 1 ～ 4 から選びなさい。（東京理科大）

The tour includes return flights, three nights accommodation (with breakfast) and lunch on Wednesday and Thursday. There are 30 places available on a "(　　　　)" basis.

1. all that glitters is not gold　2. don't count your chickens
3. first come, first served　4. when in Rome, do as the Romans do

（解答 3）そのツアーには，往復航空券，3 泊分の宿泊費（朝食つき），水・木曜日の昼食が含まれます。募集人数は 30 名で，先着順となります。

1. 光るもの必ずしも金ならず　2.（卵がかえる前に）ひなを数えるな（＝とらぬ狸（たぬき）の皮算用）　3. 先着順　4. 郷に入っては郷に従え

「予約・予定」での重要表現

- **「予約前」**：in advance・beforehand「前もって」／ advance registration「前もっての登録」／ on a first-come, first-served basis「先着順で」
- **「予約」**：book「予約する」／ booking「予約」／ reserve「予約する」／ reservation「予約」／ appointment「（歯医者などの）予約，（面会の）約束」
- **「予定」**：schedule「予定，予定を入れる」／ schedule *A* for *B*「A を B に予定する」

87

イベント(3) ― 予約・申込③

To be eligible for ～, S must fill out ...

To be eligible for a scholarship, applicants **must fill out** an application form and submit it to the university's office of financial aid by no later than January 10.

□ 申込で使われる be eligible for ～

eligibleは元々「選ばれることができる」という意味で，そこから「選ばれるのにふさわしい」→「資格のある，条件を満たしている」となりました。**be eligible for ～「～の資格がある」**，**be eligible to 原形「～する資格がある」**の形が重要です。「プラスのもの（割引・休暇・返金・サービスなど）がもらえる，受けられる，利用できる」といったイメージでよく使われます。

構文解析

be eligible for ～「～の資格がある」

(To be eligible for a scholarship), applicants [S] must fill out [V] an application form [O] and submit [V] it [O] (to the university's office of financial aid) (by no later than January 10).

To be eligible for a scholarshipは，直訳「奨学金を受ける資格があるためには」です。

ちなみに，今回の英文ではこの手の英文の頻出表現だらけです（しかも受験生が苦手なものばかり）。scholarship「奨学金」／applicant「応募者」／fill out「記入する」／application form「申請書」／submit「提出する」／{by} no later than ～「～までには」（直訳は「～と同じくらい早い時期までには」）をチェックしておいてください。

POINT 「申込，登録」の手続きでは be eligible for ～ という表現が出てきます。大半の受験生にはなじみがないと思いますが，すでに慶應大の長文など，いくつかの大学で出ている大切な表現なんです。

奨学金を受けるには，応募者は申請書を記入し，１月 10 日までに大学の学資援助課に提出する必要があります。

087

□ "To ～, 命令文" の形

全体は **To ～, S must ...「～するためには，S は…しなければならない」** の形です。このパターンでは主節に命令文がくることもよくあり，以下は "To ～, simply 原形" の形です（命令文では please 以外に just「ちょうど」や simply「ただ～だけ」も多用される）。

例 **To** obtain a library card, simply **fill out** the application form and provide a photo ID. 図書館カードの発行には，申込書に必要事項を記入し，写真つき身分証明書を提出していただくだけで構いません。

「資格・権利」を表す重要表現

- **be eligible for[to] ～**「～の[する]資格がある，～の[する]条件を満たしている」
- **be qualified for[to] ～**「～の[する]資格がある, ～に[するのに]適任だ」
- **qualify for ～**「～の資格がある，～の権利がある」
- **be entitled to ～**「～の[する]資格がある，～の[する]権利がある」

※この to は前置詞・不定詞の両方 OK なので，後ろは名詞・動詞の両方可能

例 Because your purchase was over $1,000, you **qualify for** a free extended warranty.
お買い上げが 1,000 ドルを超えましたので，お客様には無料の延長保証をおつけします。 ※後半の直訳は「あなたは無料の延長保証の資格を得る」

88

イベント (4) ― スケジュール変更①

be subject to change

Ms. Yamamoto put off reserving a venue for the awards ceremony because the number of attendees **was subject to change**.

□ subjectは「対象を下に置く」

subjectは重要な多義語ですが，本来は「心の下に（sub）投げられたもの（ject）」です。それを踏まえて「対象を下に置く」という意味を意識してみてください。

多義語 subject 核心：対象を下に置く
① 主題，主語　② 科目　③ 被験者
④ ～の支配下にある
⑤ ～の影響にさらされている，～を受けやすい，～の可能性がある

「何かを語るとき心の下に置かれるもの」→「主題，科目」，実験で「対象を下に置く」→「被験者（実験される人）」となります。

今回重要な④と⑤は，**be subject to ～** で「～に対して下に置かれている」→「～の支配下にある」→**「影響にさらされている，受けやすい，左右される，可能性がある」**です。訳語を無理に全部覚えるのではなく，どれも**「～のなすがまま」**というイメージを押さえてください。be subject to change なら「変更の可能性アリ」，be subject to weather condition なら「天候によって変更の可能性アリ」となります。

□ be subject to changeは「変更」を匂（にお）わす！

be subject to changeは「このあと変更するかも」という可能性を示唆します（さらに「変更内容」が設問で狙われます）。

POINT be subject to change は，今後の入試で必須表現となるはずです。できれば subject を辞書で引いて，形容詞のところをしっかり読んでから取り組んでみてください。

ヤマモトさんは，出席者の人数が変更になる可能性があるため，授賞式の会場の予約を先延ばしにした。

088

構文解析

Ms. Yamamoto (S) put off (V) reserving a venue [for the awards ceremony] (O)
(because the number (s) [of attendees] was subject to change (v)).

変更の可能性アリ！

今回も「出席者の人数は未確定／今後，変わるかも」と意識しておけば，設問で問われやすい内容が圧倒的に記憶に残りやすくなります。

また，venue「会場」はフランス語の venir「来る」に由来し，「人が来る場所」→「開催地, 会場」となりました（avenue は「人が来る道」→「大通り」，revenue は「元に戻ってくるお金」→「収入」ということです）。

※ TOEIC テストでは venue は頻出なので，今後の大学入試でもより大事になるはずです（すでに青山学院大，成蹊大，中央大，新潟大などさまざまな大学で出ています）。

「予定変更」での頻出表現

reschedule {for ～}「(～に) 予定を変更する」／ **on time, on schedule**「時間通りに，予定通りに」／ **in time {for ～}**「(～に) 間に合って」／ **behind schedule**「予定より遅れて」／ **ahead of schedule**「予定より早く」／ **run late**「遅れる」／ **make it**「うまくいく，間に合う，都合がつく」／ **make it to ～**「～に間に合う，出席する」／ **at[on] short notice**「直前に，急な知らせで」／ **last-minute**「直前の」／ **at the last minute[moment]**「直前で，ぎりぎりになって」

語句　awards ceremony 授賞式／ attendee 名 出席者

イベント(5) ― スケジュール変更②
in the event that ～

In the event that fewer than five students sign up for the course, it will be canceled.

□ in the event that ～ を理解する

日本語の「イベント」という単語は楽しいイメージが強いのですが，英語の event という単語は良いこと，悪いことの両方に使えます。**in the event that (s)(v)** という形は**「(s)(v) という場合において，万一～する場合は」**となります。 ※ in the event of ～「～の場合は」の形もあります（of のあとには名詞がくる）。

構文解析

変更の可能性アリ！

(In the event that fewer than five students sign up for the course),
(s) fewer than five students / (v) sign up for / (o) the course

it will be canceled.
S it / V will be canceled

In the event that fewer than five students sign up for the course「5名未満の生徒がその講座に申し込んだ場合」→「その講座の受講希望者が5名に満たない場合」です。fewer than ～ は「～以下」ではなく，厳密には「～より少ない，～未満」です（⇒ p.216）。

また，sign up for ～ は直訳「～を求めて（for）署名する（sign up）」→「～に申し込む」という重要熟語です（up は「強調」）。register for ～「～に登録する，申し込む」／ apply for ～「～に応募する，申し込む」とセットで押さえておきましょう。

□「含み表現」として超重要

in the event that ～ を単に覚えるだけではなく，「含みがある表現」として意識してください。In the event that fewer than five students sign up for the course とあれば，「受講希望者が5名以上で講座が行われる」可能性

POINT 前回の be subject to change 以外にも，「変更」を匂(にお)わす表現があります。ここでは本書独自の「含み表現」という視点から，設問で狙われやすい表現をまとめていきます。

受講を希望する生徒が５名に満たない場合，その講座は中止になります。

089

と，「受講希望者が５名に満たずに講座が中止になる」可能性を示唆します。こういった**「複数の可能性」や「変更」の含みを持つ表現**が使われたら，そこが設問で狙われやすい傾向にあります。

「変更」を匂わす「含み表現」

- **weather permitting**「天気が良ければ」／ **if it rains[in case of rain]**「雨の場合は」 ※天気次第で「変更の可能性アリ」と暗示
- **if more than ten people sign up for it**「もし 10 人より多くの人が申し込めば」 ※申込人数によって「変更の可能性アリ」と暗示
- **in the event that fewer than five students sign up for it**「申込者が５名に満たない場合は」 ※申込人数によって「変更の可能性アリ」と暗示
- **currently**「現在は」 ※「あくまで今現在では～だけど，今後は変わるかも」と暗示
- **usually, normally**「普段は」
  ※「普段は～だけど，今回は違う」といった流れが頻出
- **generally**「一般的には」／ **typically**「典型的には，一般的には」
  ※「一般的には～だけど，そうでない場合もある」といった流れが頻出
- **temporarily**「一時的に」／ **tentatively**「仮に」／ **provisionally**「暫定的に」 ※「一時的に～だけど，あとで変更される」といった流れが頻出
- **tentative, provisional, interim**「仮の，暫定的な」

実際，共通テスト（リーディング）でも，normally が使われて「普段は～だけど，そのときは…」という流れで，設問で問われたことがあります。共通テスト型の問題に苦手意識がある人は，こういった含み表現に注目することで，一気に解きやすくなるはずです。

90

イベント（6）— 順番を示す①

SV, followed by ～

Carrie Miller will now give a short demonstration on how to use our new 3D printer, **followed by** an opportunity for members of the audience to ask questions.

□ be followed by ～ は「→」だと考える

follow は「追いかける」という訳語だけでなく，“[後] follow [先].”（つまり follow 自体は「左向きの矢印（←）」）という発想も大切です。Wine followed the food. なら，順番は「ワイン ← 食事」です。和訳は「ワインは，食事のあとに出てきた」となります。

ただし，この形では「英文の順序と実際の順序」が逆の関係です（英文は「左から右」に読むが，内容は「右から左」の順)。これを受動態にする（主語と目的語を入れ替える）と，以下のようにスッキリした流れになります。

The food was followed by wine.　食事のあとに，ワインが出てきた。
[食事] ——→ [ワイン]

この形なら英文も内容も「左→右の流れ」（食事→ワイン）です。ですから，be followed by を見たら**「左から右の矢印（→）」**だと考えればOKです。**“[先] is followed by [後].”**とも言えます。

※単に「追いかけられる」という意味の場合もありますが，それは簡単なので問題ありません。

□ SV, followed by ～ も「→」

be followed by ～ が分詞構文になると，being followed by ～ となり，being が省略されて，**“SV, followed by ～”**という形で出てきます。これも結局は**「矢印（→）」**ということで「そして次に」くらいの和訳になります。

POINT SV, followed by ～ という形は昔から入試に出ているにもかかわらず，いまだに浸透せず，「～によって追いかけられる」と訳す受験生があとを絶ちません。「順番」を意識して意味を予想してみてください。

キャリー・ミラーが今から当社の新製品である3Dプリンターの使い方を簡単に実演いたします。そのあと，聴衆のみなさんから質問をお受けする機会を設ける予定です。

090

構文解析

Carrie Miller (S) will now give (V) a short demonstration (O) [on how to use 〈our new 3D printer〉], (followed by 〈an opportunity [for members of the audience to ask questions]〉).

「実演」→「質問の機会」

順番としては「3Dプリンターの実演 → 質問する機会」だとわかりますね。「質問をする機会によって追いかけられる」なんて訳すと混乱してしまいますが，順番を意識して，単に「→」と考えればいいのです。

※この表現は「ランキング」を表す際にも多用されます。さらにリスニングで出ることもあるので，瞬時に「前後関係，順番」を理解できる必要があるのです。

ちなみに，give a short demonstration では「形式動詞」の発想が役立ちます（⇒ p.176）。demonstration が v′（demonstrate の名詞形）なので，give が形式動詞となり，give の意味を無視して OK です。short を副詞的に考えると，「簡単に実演する」という自然な日本語に訳せますね。

follow の使い方

① *A* follows *B*. ←　② *A* is followed by *B*. →　③ SV, followed by ～ →

語句　demonstration 名 実演／ an opportunity for 人 to ～ 人が～する機会　※ "for 人" は to 不定詞の意味上の主語／ audience 名 聴衆

イベント (7) ― 順番を示す②
immediately following ～

A company representative will be available to answer questions **immediately following** the issuing of the press release.

□ "following ≒ after" と考える

能動態の follow が分詞構文になるときもあります。**following** は「あとに続く」→「次の，以下の」→ **「～のあとで，～に続いて」** で，要は **after と同じ**ととらえれば OK です。先ほどの SV, followed by ～ は「右向きの矢印（→）」でしたが，SV following ～ の場合は「左向きの矢印（←）」となります。今回の英文は「質疑応答 ← プレスリリースの発表」ですね。

構文解析

A company representative (S) will be (V) available to answer questions (C)
(immediately following 〈the issuing [of the press release]〉).

immediately following ～「～の直後に」

□ 副詞の限定用法

今回は immediately が following を修飾して，**immediately following ～「～のすぐあとに，～の直後に」** となっていました。ここでは「副詞の限定用法」という観点から理解しておきましょう。副詞には無限に広がる意味を「限定する」用法があります。たとえば，単に after ～「～のあとに」だけだと，どれだけあとかわかりませんよね。そこで，**after の直前に副詞**を置いて **「範囲を限定する」** ことができるのです。

例 She started to feel better **30 minutes after** she took the medicine.
彼女は薬を飲んだ 30 分後に気分が良くなり始めた。

30 minutes が after she took the medicine の範囲を限定して，「薬を飲

POINT 前項で扱った SV, followed by ～ に加えて，順番を表すときに immediately following ～ といった表現も多用されます。こちらは流れが逆になるので注意が必要です。

会社の代表者は，プレスリリース（報道機関向けの発表）の発表直後に質疑応答の時間を取ってくれる予定だ。

091

んだ 30 分後に」となります。「薬を飲んでからどれくらいあとなのか」の範囲を示しているわけです。限定用法は“数字 + after ～”以外にもいろいろな形があります。immediately は「すぐに」で，immediately after ～ なら「～のすぐあとに，直後に」と範囲を限定します。after の代わりに following を使うと，今回の immediately following ～ になるわけです。

「～のすぐあとに，直後に」を表す重要表現
soon after ～／right after ～／just after ～／shortly after ～／directly after[following] ～／immediately after[following] ～

ちなみに，この「副詞の限定用法」はマイナーに思われがちですが，2023 年の共通テストの設問でもポイントになりました（本文を読まないと正解は出ないのですが，選択肢はどれも文法的に成立することを確認してください）。

In the study discussed by Lee, students took a test (　　　) after their final session.
① four weeks　② immediately　③ one day　④ one week（共通テスト）

空所に入る語句が，直後の after their final session の範囲を限定しますね。正解は①で，four weeks after their final session「最終セッションの4週間後に」でした。仮に② immediately がきたら immediately after ～「～の直後に」となります。

語句　representative 名 代表者／available 形 都合がつく／issue 動 発表する，出す

実験・研究 (1) ― 研究結果を示す①

研究 demonstrate ～

Existing research **has demonstrated** that lifestyle issues such as lack of exercise and stress lead to illness and early death.

□「研究結果」を表す定番表現

入試の英文では以下の形が多用されます。直訳「研究は (s)(v) を示す」→**「研究によって (s)(v) だとわかっている」**と考えてください。

"研究 show {that} (s)(v)"「研究によって (s)(v) だとわかっている」

※主語には「研究（者），実験，結果，データ」がきます。

※動詞は show 以外に，reveal「明らかにする」／indicate「示す」／suggest「示唆する」／report「報告する」／prove，demonstrate，confirm「証明する」／establish「立証する」もよく使われます。

例 **A lot of research has shown that** studying a foreign language prevents aging.
多くの研究によって，外国語を学ぶことが老化を防止するとわかっている。

この **"研究 show {that} (s)(v)"** の形を1つのカタマリとして認識することで，英文を読むスピードが上がりますし，「あ，研究結果を示すんだな」と理解も深まります。また，語彙問題として言い換えが狙われることもあります。たとえば，ある年には同志社大だけで，demonstrate ≒ show，reveal ≒ demonstrate が問われました。

※もちろん "SV that ～" の形なので，「言う」→「示す」ということですが（⇒ p.110）。

今回は，**"研究 has demonstrated that ～"**「研究は～を証明してきた」→**「研究によって～が証明されてきた」**です。

POINT 入試には「実験，研究」内容が頻繁に出るので，「研究結果を述べる」ときの典型パターンを押さえておくことは，読解の正確さとスピードアップにつながります。

これまでの研究から，運動不足やストレスといった生活習慣上の問題が病気や早死ににつながっていることが証明されている。

092

構文解析

「研究結果」を示す典型パターン

Existing research (S) has demonstrated (V) 〈that (O) lifestyle issues (s) [such as lack of exercise and stress] lead to (v) illness and early death (o)〉.

原因 lead to 結果

demonstrate は本来「実例を示して明らかにする」→「実証する，証明する，実演する」です。

※日本語の「デモンストレーション」から「大げさなパフォーマンス」を連想する人もいるかもしれませんが，そうではなくこれは「実演」のことです。

□「具体例」を示す表現

今回の英文の that 節では，lifestyle issues such as ～「～といった生活習慣上の問題」が主語です。***A* such as *B*** は「B のような A」などと訳されますが，実際には「such as の後ろに具体例がくる」という発想で，**「A，たとえば B だ」**と考えるのもアリです。これにより，「具体例の発見が容易になる」「英文を前から処理できる（返り読みしなくなる）」というメリットがあります。

実は「具体例」を示す表現

- ***A* such as *B*** 「B のような A ／ A，たとえば B」
- ***A* like *B*** 「B のような A ／ A，たとえば B」
- ***A* including *B*** 「B を含めた A ／ A，たとえば B」

語句　existing 形 既存の，これまでの／ issue 名 問題／ lead to ～　～につながる

93

実験・研究 (2) — 研究結果を示す②

研究 conducted by ～ shed new light on ...

A study conducted by researchers at the University of California could **shed new light on** the role genetics plays in variations in how much sleep people require.

□ shed light on ～「～を明らかにする，解明する」

動詞 shed は「何かを放つ」イメージで，**shed light on ～**「～に光を放つ」→ **「～を明らかにする，解明する」** となります。*A* shed light on *B* で，「A が B に光を放って，B の姿がハッキリ見える・B を理解する手がかりになる」という感じです。「A（研究，新情報）によって，B（難しい内容，問題）が理解しやすくなる」わけです。

※慶應大の長文でこの表現が問われたこともあります。また，shed の代わりに cast, throw「投げかける」も使えます。cast[throw] light on ～ で「光を投げかける」イメージは同じですね。

構文解析

A study [conducted by researchers [at the University of California]] (S)
could shed new light on (V) ⟨the role (O) [genetics (s) plays (v) φ (in variations [in ⟨how much sleep (o') people (s') require (v')⟩])]⟩.

「研究結果」を示す典型パターン

主語は A study conducted by ～「～によって行われた研究」です。今回のように by の後ろに長い名詞（固有名詞を含む）が続くことがよくあります。動詞部分の could は「可能性（～することがありえる，～かもしれない）」を表す用法です（研究系の英文で超頻出）。そして，shed new light on ～「～を新たに解明する」のように，light の前に形容詞が入ることもよくあります。

POINT 研究で何かを「明らかにする，解明する」ときにはshed light on ～ という表現がよく使われます。shedはかなりの難単語とされていますが，「実験，研究」系の英文ではとても大切です。

カリフォルニア大の研究者らが行った研究によって，人々が必要とする睡眠時間の違いにおいて遺伝が果たす役割が解明されるかもしれない。

093

□「役割」を表す重要表現

onの目的語はthe role {which} genetics plays ϕ in ～「遺伝が～において果たす役割」です。本来はplay a role in ～「～において役割を果たす」の形で，これも重要表現なので確認しておきましょう（⇒ p.69）。

play a 形容詞 role[part] in ～「～において形容詞な役割を果たす」

※形容詞には「重要」系の単語がよく使われる／inは「分野，範囲（～において）」

例 Education **plays a** central **role in** children's development.
教育は子どもの成長において中心的な役割を果たす。

筆者が「重要」と主張する際にも使われますし，今回のような研究系の英文でも多用されます。英作文でもとても大事で，東海大，大阪府立大，明治薬科大，学習院大などの和文英訳でこの表現がポイントになっています。

自由英作文でも，～ is important. を連発すると幼稚な印象を与えかねないので，今回の表現を使いこなせるようにしておくといいでしょう。

語句 study 名 研究／conduct 動 行う／genetics 名 遺伝，遺伝的特徴／variation 名 違い／require 動 必要とする

実験・研究(3) ― データや数値を示す

less than a quarter of ～／more than 数字

Less than a quarter of survey respondents indicated that they wanted to have **more than two** children.

□ more than ～ の厳密な意味

more than ～ は「～より多い，～以上」くらいの訳で普段はまったく問題ありません（⇒ p.34）。ただ厳密には，**more than 数字「数字より多い」**という意味なので，たとえば more than one は「1より多い」→「2以上」となります（今は自然数の場合に限って解説します）。

※大きな数，たとえば more than 1,000 は「1001 以上」と訳す必要はなく，「1000 以上」とするのが普通ですが，もし小さな数で厳密に考える必要がある場合は以下のようになります。

「～より多い，少ない」の表現

- **「X より多い」**：more than *X* ／ over *X* ／ above *X*　※ X は含まない
- **「X 以上」**：*X* or more　※直訳「X か，もっと上」／ at least *X* ／ not less than *X*「少なくとも X」
- **「X より少ない（X 未満）」**：fewer than *X* ／ less than *X* ／ under *X* ／ below *X*　※ X は含まない
- **「X 以下」**：*X* or less　※直訳「X か，もっと下」／ at most *X* ／ not more than *X*「多くても X」

構文解析

less than a quarter of ～「～の4分の1未満」

Less than a quarter [of survey respondents] (S) indicated (V) 〈that (O) they (s) wanted to have (v) more than two children (o)〉.

more than two ～「2人より多くの～」

POINT 研究のデータを示す場合には「〜より多い，〜未満」や「分数」がよくポイントになります。地味な項目として軽く扱われがちですが，実は解答に絡みやすい表現なのです。

子どもを３人以上持ちたいと答えた人は，調査回答者の４分の１未満であった。

094

Less than a quarter of 〜「〜の４分の１未満」が主語，indicated「〜と示した」が動詞です。そしてthat節ではmore than two children「２人より多くの子ども，３人以上の子ども」が使われています。

□「データ，数値」は設問で狙われる！

共通テストのリーディングでも，図表を見て解く問題で，more than 〜 や fewer than 〜 の正確な意味がポイントになったことがありました。こういった「数字」関係は設問に絡むことが多いのです。

「数字」を使った注意すべき表現

- **倍数**：*X* times　(例) three times「３倍」　※「２倍」は twice
- **分数**：分子（基数）→ 分母（序数）
  (例) a[one] third「３分の１」／ two-thirds「３分の２」／
  a[one] quarter「４分の１」
- **「B 個のうち A 個」**：*A* in[out of] *B*
  (例) one in[out of] five「５個のうち１個」
- **「〜年代」**：“the 数字 s”　(例) in the 2020s「2020 年代に」
- **「〜歳代」**：“in *one's* 数字 s”
  (例) in my thirties「（私が）30 代のとき」

語句　quarter 名 ４分の１／ survey 名 調査／ respondent 名 回答者／ indicate 動 示す

実験・研究(4) ― 影響を示す
effect of *A* on *B*

Researchers are studying **the effects of** using pesticides on strawberries **on** health.

□ have an influence[impact/effect] on 〜

非常に重要な熟語で，**have an influence[impact/effect] on 〜「〜に影響を与える」**があります。この on は本来「接触」を表し，*A* on *B* で，A が強いもの・重いものである場合，B にプレッシャー・影響を与えるようになります。直後の名詞に強い影響を与えることから，この本では**「影響の on」**と呼びたいと思います。この熟語では，influence，impact，effect「影響」といった大変力強い単語が on 以下の語句にズシリと影響を与えるイメージです。

この熟語がそのまま使われることも多いのですが，今回の英文では effect on の部分を切り出して，さらに「主格の of」をつけて，**effect of *A* on *B*「A が B に（対して）与える影響」**となっています。適当に「〜の影響」と訳すのではなく，「A が B に影響を与える」という関係をしっかり意識してください。

構文解析

effect of *A* on *B*「A が B に与える影響」

Researchers (S) are studying (V) the effects (O) [of using pesticides on strawberries] [on health].

the effects of using pesticides on strawberries on health の訳は「農薬をイチゴに使用することが健康に及ぼす影響」です。the effects of *A* on *B* で，A に using pesticides on strawberries「農薬をイチゴに使用すること」がきています。“A” の部分に use 〜 on ...「〜を…に対して使う」の形がきているわけです（この on も「影響」と考えれば OK）。2回出てくる on を正確に理解できるかがポイントでした。

POINT 実験，研究では何かしらの「影響」を調べることも多く，effect of *A* on *B* の形がよく使われます。こういった「影響」系の表現をしっかり整理していきましょう。

研究者たちは，農薬をイチゴに使用することが健康に及ぼす影響を研究している。

095

□「影響，結果」を表す重要表現

こういった「影響，結果」系の表現は内容一致問題で該当箇所になったり，説明問題で「どんな影響を与えたか説明せよ」と問われたりします。

「影響，結果」系の重要表現

- **標準**：affect「影響を与える」／ effect「結果，効果，影響」／ influence「影響（を与える）」／ impact「影響（を与える）」

  ※頻出形：effect of *A* on *B*「A が B に与える影響」／ have a[an] [形容詞] effect [influence/impact] on ～「～に[形容詞]な影響を与える」

- **応用**：consequence「影響，結果」／ implication「暗示するもの，影響，結果」

  ※頻出形：have consequences[implications] for ～「～に影響を与える」

- **発展**：repercussion「（好ましくない）影響」／ ramification「影響，結果」

  ※頻出形：have repercussions on[for] ～「～に影響を与える」／ have ramifications for ～「～に影響を与える」

repercussion や ramification は難しいですが，青山学院大，東京工業大，早稲田大などの長文では語句注なしで普通に出てきています。また，北里大では長文中の語彙問題として，consequences ≒ repercussions も出題済みです。北里大ではその４年前に implications ≒ consequences も出題されるなど，とにかくよく出るのです。

語句　study 動 研究する／ pesticide 名 農薬

実験・研究 (5) ― 前提や時代背景を示す

時代・場所 see 出来事

Japan **has seen** a steady decline in birthrate since 1950, with the exception of the years 1964 to 1973, when the birthrate rose each year.

□ see や witness の意外な使い方

無生物主語はどこでも習いますが，主語に**「時代，場所」**がきた形もしっかりチェックしておきましょう。

時代・場所 see[witness] ～「時代に～が起こる／場所で～が起こる」

※"時代 see ～" は直訳「時代が～を目撃する」→「時代に～が起こる」

※"場所 see ～" は直訳「場所が～を目撃する」→「場所で～が起こる」

主語が「時代，場所」で，動詞が see や witness がくると上のような意味を表します。特定の時代や場所について説明したいときに便利な表現です。

構文解析

場所 see ～「場所で～が起こる」

Japan (S) has seen (V) a steady decline (O) [in birthrate] (since 1950), (with the exception [of the years 1964 to 1973], [when the birthrate (s) rose (v) (each year)]).

Japan has seen a steady decline in ～ は，直訳「日本は～における一定の低下を見てきた」→「日本では～が着実に減ってきた」と考えればOKです。decline in ～は「～における低下」→「～の低下」です（in は「範囲（～において）」を表す）。

後ろは with the exception of ～「～という例外をもって」→「～を除いて」という「例外」を表す重要表現です。そのあとの when ～ は関係

POINT 研究結果を述べる前に，前提となる時代背景やデータを提示することがよくあります。その際によく使われる，ちょっと変わった see が今回のポイントです。どんな意味になるか考えながら読んでみてください。

日本では，毎年出生率が上昇した1964年～1973年を除いて，1950年以降，着実に少子化が進んで［出生率が低下して］いる。

096

詞の非制限用法で the years 1964 to 1973 の補足説明をしています。

□ 文法問題でも頻出

長文で頻繁に使われるだけでなく，文法問題でもよくポイントになります。

> 次の日本語に合うように，［　　］内の語を並び替えなさい。
> ここ数年は経済成長によって開発資金が著しく増加している。
> The past few years [a / development / have / in / increase / marked / witnessed] funds due to economic growth.　（東京理科大）

（解答 The past few years [have witnessed a marked increase in development] funds due to economic growth.）

※文頭の The past few years と語群の witnessed に注目して，時代 witness 出来事「時代に出来事が起こる・ある」の形にします。**The past few years have witnessed** a marked increase in ～ で，直訳「ここ数年は～における著しい増加を目撃してきた」→「ここ数年は～が著しく増加している」となります。marked は「マークをつけられる」→「マークがつけられるくらい目立った，著しい」と考えれば OK です。

ちなみに，英検準1級のリスニングでは1つの文章中に2回このパターンが登場したこともあります。海外ニュースや洋書でも頻出の表現です。

語句　steady 形 着実な，一定の／ decline in ～　～における減少，～の減少／ birthrate 名 出生率／ with the exception of ～　～を除いて

ビジネス(1) — 予告表現

We regret to inform you that ～

We regret to inform you that Diamond Dry Cleaning is going out of business. If you have any items still at our store, please pick them up by the end of March.

□ regret と inform の使い方

regret は後ろに to または -ing をとりますが，意味は大きく変わります。以下の動詞は，不定詞は「未来志向」，動名詞は「過去志向」を意識すれば簡単です。

- **remember to ～**「(これから)～するのを覚えている／忘れずに～する」
- **remember -ing**「(過去に) ～したのを覚えている／覚えがある」
- **forget to ～**「(これから) ～するのを忘れる」
- **forget -ing**「(過去に) ～したのを忘れる」
- **regret to ～**「残念ながら～する」
- **regret -ing**「(過去に) ～したのを後悔する」

regret to ～ は直訳「これから～したら後悔する（けれど，しなくちゃいけない)」→ **「残念ながら～する」** です。

inform は inform 人 that ～「人に～と知らせる」の形をとり，**We regret to inform you that ～「残念ながら～とお伝えします」** となるのです。

※早稲田大で，We regret (　　) inform you that ～ がそのまま出題されました。

□ 後ろには「マイナス情報」がくる

今回は We regret to inform you that ～ を使って「廃業する(店をたたむ)」という残念な情報を伝えています。このように，この表現を見たら，瞬時に **「後ろにはマイナス情報がくる」** と意識するようにしてください。

POINT お知らせの文書やメールでは，We regret to inform you that ～という予告表現が多用されます。これは１つの決まり文句のように使われるので，瞬時に意味をとれるようにしておきましょう。

残念ながら，ダイヤモンド・ドライクリーニングは店をたたむことをお知らせします。まだ当店にお客様のお預け品がある場合は，３月末までに受け取りに来ていただくようお願いいたします。

097

構文解析

「マイナス情報」を伝える

We(S) regret to inform(V) you(O) 〈that(O) Diamond Dry Cleaning(s) is going(v) out of business(c)〉. (If you(s) have(v) any items(o) (still at our store)), please pick(V) them(O) up (by the end of March).

go out of business は直訳「商売（business）の外へ（out of）行く（go）」→「倒産する，廃業する」です（≒ go bankrupt）。go はこういった「悪い状態への変化」によく使われるのでしたね（⇒ p.194）。

２文目は If で始まっています。if は具体例を表すことが多いわけですが，このように宣伝や会話では単なる「補足情報」になることも多いです（⇒ p.85）。

補足 ビジネス英語でも使われる

例 **We regret to inform you that** we cannot offer you a job at this time.
残念ながら，今回は採用とならなかったことをお知らせいたします。

語句 go out of business 倒産する，廃業する／ item 名 商品 ※本来は「ひとつものモノ」の意味で，幅広く「品物，商品」，さらには「(表や議題の）項目，品目」を表す／ pick up 受け取る ※本来は「荷物を拾い上げる」→「受け取る」（代名詞は間に挟んで pick them up という語順になる）

98

ビジネス(2) ―「例外」を暗示する

unless otherwise noted

All training sessions will be taught by Dr. Hollis **unless otherwise noted** on the schedule.

□ unless otherwise *p.p.* の表現

unless otherwise noted は**「特に断りがなければ」**という意味です。

まず unless ですが，SV unless (s)(v). は「(s)(v) しない限り SV だ。／原則 SV だ。ただし (s)(v) の場合を除く」という意味です。

そして otherwise には「そうでなければ」の他に，「その他の点では」と「その他の方法で，違ったように」の意味がありましたね（⇒ p.32）。

unless otherwise noted は，直訳「別の方法で（otherwise）注意される（noted）場合を除いて（unless）」→「特別な指摘がない限り，特に断りがなければ」となるのです（noted 以外に stated ／ specified ／ indicated もよく使われます）。

※ unless 節内で it is が省略されています。この it は「状況の it ／主節の内容を示す it」のどちらに解釈しても OK です。

構文解析

unless otherwise noted「特に断りがなければ」

All training sessions [S] will be taught [V] (by Dr. Hollis) (unless otherwise noted on the schedule).

今回は後ろに修飾語句がついて，unless otherwise noted on 〜「〜に特に記載がなければ」となっているだけです。

ちなみに，受動態は無理やり「○○によって〜される」と訳す必要はありません。今回も（△）「ホリス博士によってトレーニングセッションが教えられる」より，（○）「ホリス博士がトレーニングセッションを担当する」のほうが自然ですね。

POINT unless otherwise noted は知らないとまったく意味がわからないでしょうが，今後の入試では重視されると予想します。ぜひ本書で身につけておきましょう。

スケジュールに特に記載がない限り，すべてのトレーニングセッション（研修）はホリス博士が担当します。

098

□ 文法問題でも狙われる！

この表現は TOEIC テストでは頻出で，その影響を受けてか徐々に大学入試でも出題されるようになってきました。

> 次の空所に入る最も適切なものを 1 ～ 4 から選びなさい。
> This rule applies to everything in this building (　　　) otherwise stated.
> 1. if　　2. unless　　3. when　　4. whether　　（関西学院大）

（解答 2）この規則は，特別な定めがない限り，この建物内のあらゆる物事に適用される。

※この問題は unless otherwise stated「特に断りがない限り」とすれば OK ですね。

今回は unless が問われましたが，otherwise や stated が空所になることもあります（たとえば慶應大で Unless otherwise noted が，学習院大で Unless otherwise stated が空所になっていました）。

さらに金沢医科大の長文の指示文で，Choose ONE answer for each question unless stated otherwise.「特に断りのない限り，各設問に対して1つの解答を選びなさい」と使われていたこともあります（otherwise は副詞なのでこの位置でも OK）。

語句　training 名 トレーニング，研修／ session 名 セッション，集まり

CHAPTER 5 99

ビジネス (3) — 同封・添付表現①

Enclosed is ～

Enclosed is a copy of the new contract for you to sign and return.

□ attach と enclose は「倒置」でよく使われる

元々の英文は，S is enclosed.「S が同封されている／S を同封いたします」で，ここから倒置がよく起きます。is の左右を入れ替えて **Enclosed is S.** の形になるわけです。これは Enclosed を先頭にして「添付・同封物がある」ことを気づかせ（メールで見落とさないようにして），そのあとにくる S を強調すると考えられます。

※普段は受動態（be enclosed）で「1つの動詞扱い」をしますが，今回のように SVC とみなせば，その倒置は CVS となります（⇒ p.130）。ここでは受動態の過去分詞を be 動詞の補語と考えているわけです。

構文解析

Enclosed is ～ で「同封」を伝える

Enclosed (C) is (V) a copy (S) [of the new contract for you to sign and return].

本来は A copy of ～ is enclosed.「～が1通同封されています」で，そこから倒置が起きたのが Enclosed is a copy of ～ です。直訳は「同封されているのは，あなたが署名して返送すべき新しい契約書1通です／あなたが署名して返送すべき新しい契約書1通を同封いたします」です。

□ その他のバリエーション

enclose の4つの使い方 ※例文の意味はすべて「ご要望の文書を同封いたします」

① **Enclosed is ～.「～を同封いたします」** ※ SVC の倒置 CVS

Enclosed is the document you requested.

② **Please find ～ enclosed.「～を同封いたします」** ※ SVOC の形

Please find the document you requested enclosed.

POINT メールや手紙では「資料を添付する／同封物がある」こともよくあります。この際に使われる enclose や attach はよく倒置で出てくるので，しっかりと対策をしておく必要があります。

同封されているのは新しい契約書１通で，署名してご返送ください。

099

直訳「～が同封されているのを見つけてください」

③ **Please find enclosed ～.「～を同封いたします」** ※ find OC の倒置

Please find enclosed the document you requested.

④ **Enclosed {,} please find ～.「～を同封いたします」**

※ Please find ～ enclosed. から，Enclosed が先頭に出たメール特有の特殊な形

Enclosed please find the document you requested.

□ attach の英文をチェック

attach「添付する」も同様の４パターンで使えます（意味は「～を添付いたします」)。以下の出題例で確認しておきましょう。

次の英文の空所に入る最も適切な選択肢を 1 ～ 4 から選びなさい。

I am delighted to inform you that you have been admitted to our university. Please find (　　　) your enrolment form and the orientation schedule.

1. enveloped　2. attached　3. scanning　4. copying　(名城大)

（解答 2）このたび，本学に入学されたことをお知らせできることをうれしく思います。入学願書とオリエンテーションのスケジュールを添付いたします。

1. 包まれている　2. 添付された　3. スキャンする　4. コピーする

※ Please find attached ～「～を添付いたします」(上記③のパターン) ／ be admitted to ～「～に入学が認められる，合格する」

語句　enclose 動 同封する／ a copy of ～ １通の～，１部の～

100

ビジネス (4) ― 同封・添付表現②

be accompanied by ～

Your completed passport application form must **be accompanied by** a color photograph taken within the last six months.

□ "メイン is accompanied by サブ" の関係

accompany は本来「仲間（company）と一緒に行く」→「付き添う，伴う」という意味です。ただし，訳語だけでは理解しにくいことも多いので，"サブ accompany メイン" と考えるといいでしょう。

受動態 be accompanied by ～ は直訳「～によって付き添われる，～によって伴われる」ではピンとこない場合も多いので，やはり「メイン，サブ」の関係を考えると理解しやすくなります。

accompany の考え方

- **基本形**："サブ accompany メイン"「サブはメインに伴う」
- **受動態**："メイン is accompanied by サブ"「メインにサブがつく」

サブには「同伴者，同封物」がくることが多く，訳もそれに合わせて「～が同伴する，～が同封される」とすれば OK です。

例 Anyone under the age of 16 needs to **be accompanied by** a parent or adult guardian.
16 歳未満の方は，親または保護者同伴でなければなりません。
※ guardian「保護者」／ a parent or guardian「親または保護者」はよく使われる

直訳して考えるのではなく，あくまで「メイン（16 歳未満）に，サブ（親，保護者）がつく」という関係を把握することが大切です。

POINT be accompanied by ～ を「～によって伴われる」と直訳するだけでは意味がはっきりとわからないですよね。ビジネス，日常生活，そして難関国立大の和訳問題でも出るこの表現をマスターしていきましょう。

記入済みのパスポート申請書には，ここ6か月以内に撮影したカラー写真を添付する必要があります。

100

構文解析

be accompanied by ～ で「同封，添付」を伝える

Your completed passport application form (S) must be accompanied (V) (by 〈a color photograph [taken within the last six months]〉).

今回も「メイン（パスポート申請書）にサブ（カラー写真）がつく」という関係です。「“パスポート申請書にカラー写真がつく”のがマストですよ」という意味がとれれば十分なんです。

＋α accompanying と accompanied の混同に注意

例 Complete the **accompanying** application form and mail or fax it back to the contest organizers.
同封の応募用紙にご記入いただき，コンテストの主催者宛てに郵送かファックスにてご返送ください。

この英文では「申込用紙が accompany する（付属する，伴う）」という能動関係なので，-ing 形を使っています（分詞が名詞を修飾する場合，必ず「名詞が s′，分詞が v′ の関係」になります）。かなりの上級者でも accompanied を使うミスが目立ちますが，the accompanying application {form} ≒ the enclosed application {form}「同封の応募用紙」です。

語句 completed 形 記入した，完成した／ application form 応募用紙，申請書

1 次の英文を読んで問いに答えなさい。

Kyoto Imperial Palace（略）

- No application (no prior arrangement) required.
- You and your belongings will be subject to security checks at the entry gate.（略）
- Anyone can participate in the tour for free. No registration is required.
- The duration of the tour is approximately 50 min.
- Please note that the tours are subject to change or last-minute cancellation.
- Pets and large baggage cannot be taken with you on the tour.

（大阪経済大・改）

問 本文の内容と一致するものを **1** つ選びなさい。

1. Visitors are required to make reservations to participate in the tour.
2. Visitors can join the tour with a small pet.
3. Visitors always go to the same locations.
4. It takes less than one hour to finish the tour.

2 次の英文の下線部を日本語に訳しなさい。

(1) Students interested in an internship abroad are advised to start planning well in advance. Visa requirements can be a major sticking point; while certain destinations allow candidates to enter visa-free or on a tourist visa for short-term internships, other locations have strict regulations, says Mr. Lloyd. (2) For instance, students looking to intern in Hong Kong are advised to submit the necessary documentation four months before their desired start date to obtain a visa, he says.（早稲田大・改）

3 次の英文を読んで問いに答えなさい。

An article in the September 8, 2015 online edition of the economic journal *Toyo Keizai* featured the types of jobs that increased and decreased in number over the period from 1995 to 2010 in Japan.（略） The biggest decline was found in the farming sector, followed by construction and civil engineering and then accounting. This was further followed by such jobs as real estate and insurance, office-level management, retail store management, director-level management, driving, and printing.（青山学院大・改）

問 Which industry experienced the smallest decline in job numbers?

1. Accounting
2. Construction and civil engineering
3. Real estate and insurance
4. Printing

解答・解説　※解答は p.232 の下にあります。

1　　88 イベント (4) ― スケジュール変更① (⇒ p.204)

4 つめの●に The duration of the tour is approximately 50 min. とあります (min=minutes)。「ツアーの時間は約 50 分(= 1 時間未満)」とわかるので 4 が正解です。今回の英文には共通テストで重要な語句 (be subject to ～「～を受ける」と be subject to change「変更の可能性アリ」／ duration「(持続) 時間」／ approximately「約，およそ」／ please note that ～「～にご注意ください，～をご了承ください」／ last-minute「直前の」など）が詰め込まれています。

和訳　京都御所（略）

● 申込（事前予約）は不要です。
● 入場口でお客様とお客様の持ち物についてセキュリティーチェックを行います。(略)
● どなたでも無料でツアーにご参加いただけます。登録は不要です。
● ツアーの所要時間は約 50 分です。
● ツアーは変更になる場合や急遽(きょ)中止になる場合がございますので，ご了承ください。
● ペットや大きな荷物はツアーにお持ち込みいただけません。

1. ツアーに参加するには予約をする必要がある。
2. 小さなペットと一緒にツアーに参加することができる。
3. いつも同じ場所を訪れる。
　※選択肢に always「いつも，必ず」といった「全部」系の語句がある場合は「本当にいつも？／例外もあるのでは？」というツッコミを入れてみましょう (⇒ p.103)。
4. ツアーを終えるのにかかる時間は 1 時間未満だ。

語句　application 名 申込／ prior arrangement　予約 ※直訳は「事前の手配」／ belonging 名（通例複数形で）持ち物／ registration 名 登録／ baggage 名 荷物一式

2　　85 イベント (1) ― 予約・申込① (⇒ p.198)
　　91 イベント (7) ― 順番を示す② (⇒ p.210)

(1) 全体は Students interested in ～ are advised to start planning「～に関心がある学生は，計画を立てることをお勧めします」です（人 is advised to ～は，直訳「人は～するように助言されている」→「人に～をお勧めする」という感じでよく使います)。その後ろは well in advance「十分前もって」です。副詞の強調用法で，well が in advance「前もって」を強調しているわけです。

※ plan well (in advance)「(前もって) 上手に計画を立てる」ではなく，plan (well in advance)「(十分前もって) 計画を立てる」です (well in advance の形でもはや 1 つの決まり文句)。

(2) students looking to ～「～することを目指す学生」が S，are advised to submit ～「～を提出することをお勧めします」が V です。後ろは副詞の限定用法で（four months が before ～ を修飾し），four months before their desired start date「希望の開始日の 4 か月前に」です。

和訳　(略) ビザの必要条件が主な障害となる可能性があります。短期間のインターンシップの場合，特定の目的地には候補者がビザなしや観光ビザで入国できるが，規制が厳しい場所もある，とロイド氏は言います。(略)

語句　requirement 名 必要条件／ sticking point　障害／ candidate 名 候補者／ visa-free 副 ビザなしで／ short-term 形 短期的な／ location 名 場所／ strict 形 厳しい／ regulation 名 規則，規制／ look to ～　～することを目指す／ intern 動 インターンする／ documentation 名 書類／ desired 形 希望の

3　　90 イベント (6) ― 順番を示す①（⇒ p.208）

“～, followed by ...” と “*A* is followed by *B*” の形が使われています。両方とも右向きの矢印（→）で考えれば OK で，by のあとに X, Y, and Z とあれば X → Y → Z の順番になります。今回は 2，3 文目に The biggest decline was found in the farming sector, followed by .... This is further followed by such jobs as real estate and insurance, ..., and printing. と続いています。「(最後にある) printing が最も減少していない」とわかるので，4 が正解です。

和訳　経済誌『東洋経済』の 2015 年 9 月 8 日オンライン版の記事で，1995 年～2010 年の期間に日本で増えた職種と減った職種が特集された。(略) 最も減少したのは農業分野で，次いで建築，土木工学，経理であった。さらにそのあとは，不動産，保険，事務管理，小売店管理，役員管理，運転，印刷といった仕事が続いた。

問　仕事が最も減少しなかった産業はどれか？

語句　feature 動 特集する／ period 名 時期／ decline 名 減少／ sector 名 分野，部門／ civil engineering　土木工学／ accounting 名 経理／ such *A* as *B*　B などの A ／ real estate　不動産／ insurance 名 保険／ retail 形 小売りの

解答　1　4

2　(1) 海外インターンシップに関心がある学生は，十分前もって計画を立てることをお勧めします。／ (2) たとえば，香港でインターンシップを希望する学生は，ビザを取得するために，希望の開始日の 4 か月前に必要な書類を提出することをお勧めします。

3　4